明るい

風俗探検隊

風俗が日本の「元気」
をリードする!

総合法令

はじめに

このごろ、韓国や中国の友人たちと話している中で、日本の〝風俗〟がいかにすばらしいかをよく聞かされます。そういえば、タイやフィリピンに遊ぶ欧米人の友人の中にも、「日本の風俗は最高だよ」と言っていた人が何人かいました。そして、私はそれを当たり前のことのようにうなずいていました。

しかし、前回キャバクラの取材をして本を出したところ、男性読者から「次はぜひ風俗について書いてください！」という声が届きました。「キャバクラは怖くないけれど、風俗は何をするのかよくわからないから怖い」と言うのです。だから「ちゃんと知りたい」し、「より間違いのない遊び方の基準を教えてほしい」と言うのです。

その声を聞いて、私は「そうか、やっぱり日本の風俗のよさをもっと意識的に取り上げて本にする必要があるな」と思うようになりました。

そこで今回、風俗探検隊なるものを組織することにしました。

複数で取材にあたることにしたのは、性的満足というものは個人個人で異なるものだからです。さらに、最近は風俗の種類も増えたため、とても私1人では取材し切れないと考えたためでもあります。

ここに集った隊員に共通するのは、「明るく、楽しく、気持ちよく、そして安全に」風俗を楽しみたいという精神を持った、エッチで健全な若者（私および約1名の隊員を除く）だということです。

そのワクワクドキドキの探検の模様と成果は本書をお読みいただくことにして、1冊の本としてまとめ上げたいま、しみじみと思うことがあります。

それは、快適で健全なエッチ、つまり風俗は男の元気の源であるということです。ひいては社会の元気の源となるということです。

風俗がさまざまな工夫とサービスで性的満足を与えてくれることによって、日本の男たちは、生きる喜びを得られるとともに、性欲を暴走させることなく社会の健全性を守ることができるのです。

性のエネルギーは、人としてのエネルギーの表れなのです。

ところで、読者の中には女性もいらっしゃるかもしれません。

「男って、本当にスケベでバカなのね」と笑われるかもしれません。「こんなことをやってるんだ」と驚かれるかもしれません。

しかし、それが男という生き物の真実なのです。

笑ったり驚いたりしながらも、本書を読むうちに少なからず隠された男と女の性についての新たな発見があることでしょう。

そして、その発見こそが探検の醍醐味といえるのです。

最後に、本書の企画を了承していただいた総合法令出版営業部のみなさまと、編集を担当していただいた足代美映子氏にお礼申し上げます。

木村進太郎

装丁●クリエイティブ・コンセプト
イラスト●浦﨑安臣

も・く・じ

第2章 ファッションヘルス

チェックポイント

第3チェックポイント　イメクラ

第4章 ソープランド

チェックポイント

第5チェックポイント その他の風俗

オリエンテーション

風俗バンザイ

風俗とは

本書では、風俗を「性的な快楽を求める人たちにサービスを提供する店」として扱っていきます。端的に言うと、「エッチを楽しませるビジネス全般」のことです。

実際に、〝風俗〟と聞くと、このような店のことを連想する人がほとんどでしょう。

ただし、厳密（法的）に言うと、風俗とは風俗営業等の規制及び業務の適正化等に関する法律（風営適正化法）により、「風俗営業」「性風俗関連特殊営業」「深夜における酒類提供飲食店営業」の3つに分けられています。

つまり、広くはキャバレーやクラブ、ディスコ、喫茶店、バー、マージャン店、パチンコ店なども〝風俗〟に含まれるのです。

しかし本書では、前述のように一般に〝風俗〟と呼ばれているソープランドやファッションヘルス、セクシーパブなどを対象として取り上げていくことにします。

いま、なぜ風俗が盛り上がっているのか

風俗のあり方は、そのままその国の社会状況を示しています。

人は、表向きの人生の理想や社会の理想を語り、そこを目指すものですが、一方で、人としての根っこの部分である〝本能〟や〝本音〟を無視して生きていくことはできません。

この、〝理想としての生き方や社会のあり方〟と〝本能や本音〟をいかに調和させられているかが、健全な社会の尺度を示すものと言ってもよいでしょう。

では、現在の日本はどうでしょうか。

私は、ますます素晴らしい方向に進んでいると見ています。

日本には、男と女が対等で平等な社会を目指して進んでいくという基本の流れがあります。

女性は嫌々ながら恋愛や結婚をする必要もなくなりました。ひと昔前なら、食べていくために仕方なく結婚したりすることもありましたし、家族のために〝春を売る〟という暗い面もありました。ところが、現在ではそういうことはありません。

一方、そうなったことによって、男性はそう簡単に女性とつき合うことができなくなりました。したがって、エッチをする機会も減ったということになります。

では、この状態のまま放置したならどうでしょうか。若い層を中心として、男性がゆがんだ性的欲求を持つことにもつながりかねません。

そこで求められるのが、男女のよき関係を保ちつつ、社会の健全性を守り、さらには男性の性的欲求を満足させることで人生や仕事に張り合いを与えることになる〝風俗〟なのです。

日本の風俗は、この個人と社会の要請に見事に応えてくれています。

男としての欲望を健全に満たし、本当の満足と喜びがどこにあるかを追及していく――こうした明るい未来への志向を持つ日本の風俗には、世界に誇るべきものがあるのです。

世界中のエッチ好きの男性に話を聞くと、やはり日本の風俗がナンバーワンだと言い切ります。その主な理由は、「高い安全性」「ここまでお客さんの性的な喜びを満足させようと努力しているところはない」「女の子の質の高さ」の3点です。

世界の男があこがれる日本の風俗。それを知らなくして現代を語ることはできないと言ってもよいでしょう。

風俗が人生を元気にしてくれる

仕事ができる人や人生に意欲的な人ほど、性的なエネルギーにもあふれていると言われています。人には性欲や食欲、名誉欲、向上心などの欲がありますが、その大きさは性欲に比例していることも多いのです。

しかし、現代においては、その性欲をどこでも発揮してよいというわけにはいきません。人間はその動物的本能を文化にまで高めていくという宿命を帯びているのです。

だからこそ、風俗の存在意義があるのです。

たとえばソープランド。男性の多くは、ここで性的な初体験をすませます。

もちろん、学生の頃につき合う男女で初体験を無事すませるという幸せな人たちもいますが、それは同時に、性の知識もないまま行うことによる事故が起きる危険性もはらんでいます。

そのようなことにならないためにも、リード役の男性は、ソープランドで正しいエッチ入門をするとよいのです。

さらに社会に出ると、働き盛り・元気盛りの男性はやる気満々です。このエネルギーが仕事をはかどらせ、会社を儲けさせ、社会を活気づけるのです。この〝やる気満々さ〟を支えたり応援したりするのが〝エッチ力〟なのです。

エッチのエネルギーを適切に管理し、コントロールする。そのために意欲のある男たちはキャバクラに行ったり、より刺激をくれるソープランドなどに通ったりするのです。

風俗の現場を見てください。そこは、元気な若者でいっぱいです。また、年齢は高くても気持ちは若者という人たちもたくさんいます。何歳になっても元気な男はエッチも元気だし、キャバクラや風俗にもせっせと通うのです。

人生のエネルギーを充電してくれるところ、それが〝風俗〟なのです。

風俗を知り、うまく活用する。これが男の人生をもう１段階豊かに、かつ有意義にし、さらに社会を元気にしていく大切な要素だということを肝に命じつつ、本書で今の風俗のあり方を知ってください。そして、あなた自身に合った風俗の楽しみ方をぜひ見つけてください。

第1チェックポイント

セクシーパブ

セクシーパブとは

探検初日にもかかわらず、声をかけたメンバーは軒並み予定が入っていて、集まってくれたのはA隊員だけでした。

さみしい気もしましたが、2人で行くくらいがちょうどいいという風俗もあります。気を取り直して、A隊員と探検に出かけることにしました。

A隊員 隊長！ 今日はどこに連れて行っていただけるんですか？
隊長 今日は「セクシーパブ」に行ってみようか。
A隊員 いわゆる「セクキャバ」って言われるところですね？
隊長 よく知っているじゃないか。行ったことあるの？
A隊員 いや、ないです。どういうところなんですか？
隊長 A君もキャバクラにはよく行くだろ？

A隊員　ええ、よく行きます

隊長　キャバクラでかわいいキャストと話していると、「この子のオッパイ見てみたいなあ」「この子のオッパイにさわってみたいなあ」って思うだろ？

A隊員　思います！

隊長　その夢がかなう店がセクシーパブ、いわゆるセクキャバなんだよ

A隊員　おお、最高っすね！

隊長　ところで、セクキャバには基本的に「癒し系」の店と「ハッスル系」の店の2種類あるんだけど、行くとしたらどっちがいい？

A隊員　せっかくですから両方行きましょうよ、ハシゴですよハシゴ！

隊長　うーん……よし、行っちゃうか！

A隊員　じゃあお店に着くまで、ぜひセクキャバについてレクチャーしてください。お願いします！

隊長　わかった、わかった。簡単に言うとね……

セクシーパブは、「セクキャバ」や「オッパイパブ（オッパブ）」、「おさわりパブ」などと呼

ばれています。

以前は、このテの店としてはランジェリーパブ（ランパブ：女の子が下着姿で接客してくれるキャバクラ）が主流でしたが、やはり見るだけではなく、実際にさわらないと満足できないお客さんが多かったのでしょう。いまや「ナマ乳もみ放題」をうたい文句に、オッパイをもみながら女の子（コンパニオン）と会話を楽しむ店が主流になってきました。

基本的には、女の子のオッパイをもめるキャバクラと考えればよいでしょう。

店のスタイル

店のスタイルとしては、基本的に「ハッスル系」と「癒し系」の2つに分かれます。

ハッスル系は、昔のピンク系キャバレーのように音楽をガンガンに流して騒ぎまくる店、一方の癒し系は、高級キャバクラのようにしっとりと会話を楽しむ店です。

ショータイム

セクキャバの売りは、何といってもショータイムでしょう。ショータイムとは、複数の女の子のオッパイをさわることのできる時間であり、一般的に30～40分に1回くらいの割合で行われます。

ショータイムになると、まず店内の照明が少し落とされ、音楽がノリのいいものに変わります。すると、ついていた女の子が胸元をはだけて、お客の太ももの上に向かい合うように座ってきます。

1分か2分、女の子の顔を見ながら優しくオッパイをさわったりもんだりしているうちにチェンジの時間となり、自分についていた女の子が隣の席に移っていきます。そして、次の女の子が隣の席から移ってくるのです。

こうして、1回のショータイムの間に5～7人くらいの女の子が順ぐりに回ってくることになります。

ただ最近では、癒し系の店ではショータイムを設けていないところがあります。もちろん、ハッスル系の店では必ずショータイムはあるので、絶対にたくさんのオッパイをさわりたいという人は、ハッスル系のお店を選ぶとよいでしょう。

料金システム

料金は、キャバクラと同じような設定、つまり、時間単位で料金が発生するシステムになっている店がほとんどです。1セットの時間は45分もしくは50分としているところが多いのですが、癒し系の店では60分のところもあります。

セット料金の相場は、1セット45分の場合、首都圏で9000〜1万2000円、地方では8000〜1万円といったところです。ドリンクはフリードリンク（ハウスボトル飲み放題）の店がほとんどです。

また、指名制の店が多く、気に入った女の子を指名すると、2000〜3000円程度の指名料が別途必要になります。

なお、受付で予定セット分の料金を払って入場する完全前金制の店と、キャバクラのようにチェック時に客席で精算する店があります。

禁止行為

店によってルールは多少違いますが、ほとんどの店で次に挙げるようないくつかの禁止項目を設けています。

○下半身へのタッチは禁止
○オッパイなめ・乳首なめ禁止
○女の子が痛がるようなもみ方は禁止
○キス禁止（ただし、お店によってはＯＫのところもある）

Ａ隊員　えっ？　オッパイなめちゃいけないんですか？
隊長　そうだよ。ほとんどの店が禁止にしているはずだ
Ａ隊員　だって、目の前にオッパイがあるんでしょ？　それでなめちゃいけないなんて、生殺しじゃないですか！
隊長　はは、確かにそうなんだけどね。でも、ほかのお客さん、つまりまったく知らない人

がなめたオッパイをなめたいと思う？　なんとなく気持ち悪くない？　衛生上もよくないよね。女の子もそのつどオシボリなんかでふいていたら、オッパイが腫れ上がっちゃうよ（笑）

A隊員　それもそうですけど。うーん、ひょっとしたらセクキャバというのは、マゾの男のためにある店かもしれませんね……

隊長　はは、ある意味そうかもしれないね

入店

隊長　確か、このあたりに何軒かあったはずなんだがなあ。呼び込みのお兄ちゃんがいるはずなんだけど……あ、いた！

呼び込み　オッパイパブどうですか？　ナマチチどうですか？　ナマチチもみ放題！

A隊員　この呼び込みはそそられますねえ

隊長　だろう？　なんてったって「ナマチチもみ放題」だもんね（笑）。この呼び込みを聞くと、ついつい行きたくなるんだよ。ただ、呼び込みをしている中にはいわゆるボッタクリや詐欺みたいな悪質な店もあるから、フラフラと呼び込みについて行って被害にあったりしないよう気をつけなくちゃいけないよ。だから、その店に行ったことのある人に連れて行ってもらうとか、事前に風俗情報サイトや風俗情報誌なんかで調べて行くとか、そういう工夫は絶対に必要だね

呼び込み　社長、久しぶりじゃないですか！　上がっていってくださいよ
隊長　おお、久しぶり！　今の時間、1対1で女の子つく？
呼び込み　ええ、大丈夫ですよ。今日は女の子がそろっていますので。そうしましたら、2名様のご案内でよろしいですか？
隊長　うん、お願いするよ

A隊員　1対1で女の子がつかない場合もあるんですか？
隊長　女の子が少ない店で、たまたまお客の入りがいいときは、客2人に対して女の子が1人しかつかないこともあるね
A隊員　そんなときはどうするんですか？
隊長　そりゃあそのときは、俺が右のオッパイ、君が左のオッパイと、1人の女の子を両側からさわるしかないよ
A隊員　ええっ!?　そんなの嫌ですよ
隊長　右のオッパイのほうがいい？
A隊員　そういう問題じゃないです！　オッパイ1個しかさわれないなら当然、料金も半額に

してもらわないと！

隊長　なるほど、言われてみれば確かにそうだ！　まあ、そんなこと交渉しても無理だけどね(笑)。とりあえず、そんなことにならないように、店に入る前に呼び込みのお兄さんや店員に混み具合を聞いて、1対1で女の子がつくことを確認してから入ったほうがいいということだよ

A隊員　同じ料金を払うにしても、オッパイ1個でがまんするか、2個とも独占できるかじゃあ、えらい違いですからねえ。ところで、この店は「ハッスル系」の店なんですか、それとも「癒し系」の店なんですか？

隊長　この店はハッスル系だよ。テンション上げていかないと置いて行かれるから気をつけろよ！

オッパイ初め

私たちが入った店は、50分1セットで前金制でした。受付でセット料金9000円を払うと、ボーイが席に案内してくれました。

店内には軽快な音楽が流れ、女の子の明るい声がそこかしこから聞こえてきます。

A隊員　隊長、なんか独特な雰囲気がありますね

隊長　うん、この店はハッスル系の店の中でもとくにハジけた店だから、ストレス発散にはもってこいだよ

ボーイが、透け透けのセーラー服を着た女の子を2人連れてきました。見たところ、2人ともまだ10代ではないかと思われるギャル系の子です。

私のほうにはスレンダーで、それほど大きくはないけれど形のよさそうな胸の子が、そして

A隊員には、体は細くて小柄ですが巨乳の子がつきました。

女の子①　いらっしゃーい、レナでーす。飲み物は水割りでいい？

隊長　うん、ブランデーの水割りでお願い

女の子②　いらっしゃーい、アキでーす

A隊員　こんばんは

とりあえずハウスボトルで私とA隊員の水割りをつくってもらい、乾杯です。

隊長　はい、じゃあ乾杯！

全員　かんぱーい！

レナ　もう、こんなところに来てまでネクタイなんかしてないの！　ほら、はずして、はずして！

乾杯が終わると、いきなりレナちゃんにネクタイをはずされました。横を見ると、A隊員はとっくにネクタイはむしりとられ、シャツのボタンも2つくらいはずされたうえに、ネクタイ

をハチマキにされています。

レナ　足乗せていい？

隊長　いいよ

私の左側に座っていたレナちゃんが、右足を私の左足にからめるように乗せてきました。セーラー服のミニスカートが、パンツが見えそうなくらいめくれ上がっています。

隊長　レナちゃんはいくつ？

レナ　今年で19だよ

隊長　ということは、今は18歳!?

レナ　そう。あと2カ月で19だけどね。お兄さん、オッパイ好き？

隊長　だーい好き！

レナ　レナのオッパイ気に入ってくれるかなあ？

レナちゃんはそう言いながら、セーラー服の前をはずそうとします。

隊長　まった！　俺にボタンはずさせて

レナ　もう、エッチなんだから！（笑）

隊長　エッチだからここに来るんだよ（笑）。おっ、かわいいオッパイが見えてきた！

レナ　私の小さいでしょ？　もう少し大きくならないかなあ

隊長　よし、俺が大きくなるようにもんであげよう

さすがに18歳のオッパイは張りも弾力もあって、もみ心地がよいものです。また、自分の年齢を考えると「18歳のオッパイには、こういうところでしかお目にかかれないよなあ」と幸せな気分にもなれます。

ショータイムの始まり

レナちゃんの心地よいオッパイをもみながら楽しい話で盛り上がり、10分ばかりたったところで店内の照明が暗くなりました。それと同時に、音楽もノリのよいものに変わります。

レナ　あ、ショータイムが始まるよ

隊長　いよいよショータイムか！

レナちゃんはセーラー服の前を完全にはだけてしまいました。そして、「失礼しまーす」と言いながらソファーに乗って私の両足をまたぎ、太ももの上にお尻を下ろします。いわゆる対面座位の格好です。さらに両手を私の首に回して引き寄せるものだから、オッパイがすぐ目の前に！

たまりません……。これで乳首をなめてはいけないなんて、残酷としか言いようがないでしょう。

隊長　正面から見ると、本当にかわいいオッパイだね
レナ　ふふ、なめたくなるでしょ？
隊長　なめていい？（笑）
レナ　だーめ（笑）

テンポの速い音楽に乗って、ボーイのしわがれ声のアナウンスが流れます。

アナウンス　ハイ！ハイ！ハイ！ハイ！　もんで！もんで！もんで！もんで！
ハイ！ハイ！ハイ！ハイ！

レナちゃんはその声に調子を合わせながら、私のももの上で腰をゆすって股間を刺激してきます。

レナ　あれ？　お兄さん固くなってきたよ
隊長　こりゃあ生殺しだよ（笑）
レナ　はは、それがまたいいんでしょ？　あ、もうチェンジだ。ちょっと行ってくるね

レナちゃんはそう言って私の上から降り、左側のお客さんに移っていきました。

代わりに、今度はさっきまでA隊員についていたアキちゃんが私の上に乗ってきます。

隊長 お、アキちゃんだ！　このオッパイをさわりたかったんだよなあ。何センチくらいあるの？

アキ うーん、最近測ってないからわからないけど、90センチちょっとくらいだと思う。カップはG

隊長 Gカップ!?　うわー、すごいね！　こんなオッパイをさわれるだけでも来た甲斐があったよ

アキ そういってくれるとうれしいな。やっぱり大きいほうが好きなの？

隊長 大きければいいってもんじゃないけど、このオッパイは形もいいし、最高だよ

アキ でも、大きいと肩凝るから大変なんだよ

隊長 うーん、重そうだもんな。どれ？

オッパイを下から持ち上げてみると、本当に重い。

アキ 重いでしょ？

隊長 本当だ。こりゃあ大変だね。2つあるからよけいに大変なんだよ。俺が1つもらって帰

ってあげるよ

アキ　あはは、いくらで買ってくれる？

隊長　うーん、1グラム500円でどうだ！（笑）

アキ　えー、グラム単位なの？

隊長　わかりやすくていいでしょ？

そうこうしているうちに、またチェンジとなりました。そのあとにも3人の女の子が回ってきて、ショータイムの間に都合6人のオッパイをさわることができました。

いやー、大きいのもあり、小さいのもあり、硬いのや柔らかいのや、人それぞれにオッパイも違うのだと改めて実感できるひとときです。

ショータイム終了

ショータイムが終わると照明が明るくなり、音楽も元の軽快なものになりました。女の子もそれぞれ元の席に戻って行きます。

レナ　ただいまー
レナちゃんが戻って来ました。

隊長　おかえりー
レナ　アキちゃんのオッパイさわった？
隊長　さわったよ。本当にデカかった！
レナ　でしょ？　うらやましいもん
隊長　重いから大変だと言うから、「俺が１つもらってあげよう。１グラム５００円でどう

だ？」と言ったら断られたよ

レナ　1グラム500円!?　何それ？（笑）。でも、アキちゃんの胸なら片方だけでも1キロはあるんじゃない？

隊長　そんなにあるかなあ

レナ　ちょっと待って。1キロというと、1000グラムだよ。それに500円掛けたら……50万円だよ！

隊長　ええっ、50万円!?　断られてよかったあ

レナ　あーあ、胸の大きい人はトクだなあ。私も大きくなりたいなあ

隊長　いやいや、そんな動機で大きくしても……

チェンジ

しばらくすると、ボーイがレナちゃんを呼びにきました。セクキャバでもキャバクラと同様、指名せずにフリーで入った場合には、ある程度の時間で女の子がチェンジします。

私は結構レナちゃんを気に入っていたのですが、ほかの子のオッパイもさわりたいという誘惑に負けてしまいました。指名をせずに、そのままレナちゃんを送り出すことにしたのです。

2人目の女の子も、さっきのレナちゃんに負けず劣らず、キャピキャピした雰囲気の明るそうな子です。胸は小振りで、だいたい手のひらサイズといった感じでしょうか。

女の子③ こんにちはー、カズミです
隊長 カズミちゃんですか、よろしく。おいくつなんですか？
カズミ 19歳でーす
隊長 若いなあ。この店は若い子が多いね

カズミ　うん、19とか20歳の子が多いよ
隊長　じゃあ、ごあいさつ代わりにオッパイを失礼しまーす
そう言いながらセーラー服の中に手を入れてオッパイにさわると、カズミちゃんが悲鳴を上げました。
カズミ　いたーい。さわられすぎで乳首がヒリヒリしてるの。なるべく乳首にはさわらないようにしてくれるかなあ
隊長　え、そうなの？　両方とも？
カズミ　うん、両方とも。昨日あたりからヒリヒリしてたんだけど、今日さわられて限界になっちゃった

乳首にさわれないのでは楽しみも半減してしまいますが、確かに痛そうなので仕方がありません。

カズミちゃんに限らず、「乳首が痛い」と言う子は結構います。もちろん女の子の体質的なものもあるかもしれませんが、お客さんのさわり方にも問題がありそうです。オッパイをさわるときは乳首ばかりを攻めたりせず、優しく扱ってあげる必要がありそうです。

マナーとしても、女の子に優しくしてあげる、大事にしてあげることが大切です。これも風俗で遊ぶ際のルールの1つといえるでしょう。

乳首を避けて優しくオッパイをもんであげながら、カズミちゃんと楽しく会話をしていると、2回目のショータイムが始まりました。

この店はショータイムのサイクルが早く、1セットで2回のショータイムを楽しめるようになっているようです。もちろん、1セット内に1回しか行わない店もあるので、より多くのショータイムを楽しみたい人は事前に確認をしましょう。

アナウンス　ハイ！　ハイ！　ハイ！　ハイ！　もんで！　もんで！　もんで！　もんで！

この掛け声を聞くと、「もまなくては！」という気分になるから不思議です。

この2回目のショータイムも、カズミちゃんを含めて6人の女の子が回ってきました。1回目のショータイムとあわせると、都合12人の女の子のオッパイをさわったりもんだりしたことになります。

セット終了&反省会

ショータイムが終わり、カズミちゃんが戻って来たところで、ボーイがセット時間の終了を告げにきました。次の予定もあるので、ここは延長したい気持ちをおさえ、チェックすることにします。

チェックといっても、この店は前金制でセット料金は支払い済みですから、場内指名や別料金のドリンク、フードのオーダーをしていない限り、それ以上お金を払う必要はありません。

ボーイの「本日はありがとうございました」という言葉にうながされて席を立つと、女の子が出口のところまで見送りに来てくれました。

カズミ　じゃあまたね！

隊長　うん、またこのオッパイをさわりにくるよ

最後まで女の子のオッパイをさわりながら別れのあいさつをして、エレベーターに乗り込み

ました。

A隊員　隊長、セクキャバいいですね！

隊長　だろ？　俺は大好きなんだよ

A隊員　僕、最初についたアキちゃんが気に入ってしまいました

隊長　だったら指名すればよかったのに

A隊員　次回からそうします。ところで隊長、ショータイムでアキちゃんのオッパイさわってたでしょ？

隊長　ああ、なかなかいいオッパイしてたなあ

A隊員　なんか、複雑な気持ちですよね。全然知らないお客さんにさわられるなら「仕方ないなあ」ってあきらめもつくんですけど、一緒に来た仲間にさわられるのはなんとなくイヤな気持ちになりますよね

隊長　うーん、これがセクキャバの難しいところなんだよな。だから、俺は複数で行くときは必ず一番左に座るんだよ

A隊員　どうしてですか？

隊長　ほとんどの店が、ショータイムは右回りで女の子が回るんだよ。だから、最初に一番左に座っていれば、自分についた女の子のオッパイを仲間にさわられる心配はないということさ

A隊員　ええっ！　そんな大切なことは早く言ってくださいよ

隊長　はは。先に言っちゃったら、君に左側の席を取られてしまうじゃないか。そんなことはしないよ

A隊員　だったら、次に行く店は僕に左側の席を譲ってくださいよ

隊長　いいよ。左側に座っても

A隊員　本当ですか？　あとでダメって言っても遅いですからね

隊長　そんなこと言わないよ。だって、次に行く店はショータイムないからね

A隊員　そりゃあないですよ！

隊長　ははは、でもしっとりと癒されるお店だから

A隊員　……ところで、さっきの店は50分で９０００円でしたよね？　これは高いのか安いのか僕には微妙なところなんですが、ほかの店もあんなものですか？

隊長　そうだね。だいたいあんなものじゃないかな。ただ、考えてみてよ。50分で何人の女の

子のオッパイさわった？

A隊員　えーと、12人です。あっ！

A隊員は何か気づいたようで、おもむろに携帯電話を取り出して計算を始めました。

A隊員　そうか！　1人あたり750円なんですね！

隊長　いやいや、甘いね（笑）。12人ということは24個のオッパイをさわったことになるんだから、1個あたり375円だよ

A隊員　1個あたり375円ですか！

隊長　そうだよ。そのへんを歩いている女の子に「375円出すから、片方でいいからオッパイさわらせて！」と言っても絶対さわらせてくれないぜ

A隊員　そりゃあそうですよね。ということは、50分で9000円は安いのかあ

隊長　ははは、そんな風に考えないと風俗は楽しめないからね

A隊員　わかりました。じゃあ隊長、次の癒し系のお店に早く行きましょう！

隊長　この先に何回か行ったことのある店があるから、そこに行ってみようか

A隊員　お供しまーす！

癒し系セクシーパブ

入店

次の店は呼び込みのお兄さんがいなかったので、ひょっとしたら混んでいるのではないかと心配しました。しかし受付で聞くと、ちゃんと1対1で女の子をつけられるとのことだったので一安心です。

このように呼び込みをしていないお店の場合、混んでいて客2人に対して女の子が1人しかつかないというケースもあります。そのため、あらかじめ受付で確認してから入店するようにしましょう。

ただし、呼び込みをしている中にはボッタクリなどの悪質な店もあることは前述したとおりです。そのため、呼び込みをしている店なら女の子がちゃんと1対1でつくだろうなどと考えて、安易について行ってしまうのは危険です。

前金で60分のセット料金を払って待っていると、ボーイがやってきました。

ボーイ　お待たせしました。お席の用意ができましたのでご案内いたします。店内は暗くなっておりますので、足元にご注意ください

店内は全体的に薄暗い照明で、各ボックス席ごとに薄いカーテンで仕切られています。カーテンを開けたまま接客しているテーブルもあれば、カーテンを閉めて接客しているテーブルもあります。通路からカーテンの中はかすかに見える程度で、カーテンを閉めると簡易個室のでき上がりです。

音楽もしっとりしたピアノ曲を流しています。

案内されたボックスは2卓（客2名）用のボックスでしたが、さきほどの店よりもゆったり座れる広さがあります。ソファーも柔らかくて高級感のある革張りで、全体的に高級キャバクラを連想させるつくりになっています。天井からつるされた細いスポットライトがテーブルの

上を照らし、その光だけが客席の照明です。

店全体が「癒し」を強調したつくりになっているわけです。

癒し系セクキャバとは

ボーイが前もってハウスボトルの好みを確認し、頼んだブランデーのボトルと水割りの用意をしてから女の子をつけてくれました。

私についたのは、露出度の高いドレスに身をまとったスレンダーな子でした。

女の子　ハヅキです。よろしくお願いします

名刺を差し出しながら自己紹介するさまは、ちゃんと教育されたキャバクラのキャストと同じです。

隊長　よろしく。ハヅキさんはおいくつなんですか？

ハヅキ　23歳です。この店よく来られるんですか？

隊長　以前何回か来たことあるんだ。今日は久しぶりに来たんだよ

さきほどの店と違い、会話もふつうのキャバクラの会話と変わりません。こうなると、なかなか「ノリでオッパイをさわる」というのが難しくなります。横を見ると案の定、A隊員も勝手がわからないようで、ぎこちなく会話をしています。

実は、この手の癒し系のセクキャバでは、女の子は何とか会話でお客さんを楽しませてあげよう、癒してあげようとします。そのため、必然的に会話に重点を置いた接客となります。もちろん、お店のルールとしては、お客さんが求めた場合はオッパイをさわらせなければなりません。

ところが、気の弱いお客さんの中には、会話中心の接客と店の雰囲気のためになかなか言い出せず、結局オッパイをまったくさわらないまま帰るはめになる人もいます。ですから、癒し系のお店では、オッパイをさわりやすい雰囲気に自分でもっていくことが大切になるのです。

癒し系の店でオッパイをさわるコツ

ここは初心者A隊員のためにも、まず私がオッパイをさわりやすい雰囲気をつくるしかありません。それも探検隊長の役目といえるでしょう。そこで、一番無難な形できっかけをつくることにしました。

隊長　ハヅキちゃんはスタイルいいね

ハヅキ　えー、そんなことないですよ

隊長　いやあ、出るところは出て、締まるところは締まっていい感じだよ。胸も結構ありそうだし

ハヅキ　そんなことないですよ。胸はもう少し大きくなりたいなって思ってるんです

隊長　本当に？　ちょっと見せて

そう言いながら、勝手にドレスの胸元を開きながらのぞき込みます。

隊長　いやいや、これくらいあれば充分だよ

ハヅキ　本当？　男の人って、こんなのでいいのかなあ？

隊長　うん、男にとっては大きさよりも、さわり心地が一番大切なんだよ。大きさに関係なく、

さわり心地のいいオッパイは男にとってはたまらないね。ハヅキちゃんのはどうかな？（と言いながら、ドレスに手を入れてさわってしまう）うん、なかなかいい。俺、こういうオッパイ大好き

ハヅキ　本当？　自信持っていいかな？

隊長　大丈夫。自信持っていいよ

ふつうは、1人がこうやってさわっているところを見れば、一緒に来た人も自分で何とかしようとするものです。しかし、A隊員はハッスル系の店とのギャップにとまどい、いまだに言い出せずにいるようです。

仕方がないので、A隊員についている女の子も巻き込むことにしました。

隊長　ねえ、あいつについている子、胸大きいよね。何ていう子？

ハヅキ　ユイちゃん。あの子、本当に大きいのよ

隊長　ねえ、ユイちゃん。バスト何センチあるの？

ユイ　えっと、90はあると思うよ

隊長　90！　ねえ、お願い。ちょっと見せて

ユイ　えー、ハヅキに悪いもん
隊長　いいじゃん、ちょっとだけ
ユイ　じゃあ、ちょっとだけね
ユイちゃんは、そう言ってドレスをはだけてくれました。
隊長　おお、すごい！　A君、さわって揺らしてみて
A隊員　え!?　僕がですか？
隊長　そう、君が
A隊員　じゃあ、ちょっと失礼して
A隊員はそう言いながら、うれしそうにユイちゃんの胸を揺らしました。
隊長　おお、ナイス！　ユイちゃんありがとうね
「やっと何とかなったか」と、ホッとしてハヅキちゃんのほうを向くと、ハヅキちゃんがにらんでいました
ハヅキ　やっぱり大きいほうが好きなんだ！

隊長　いやいや、違うよ……

チェンジ

しばらくして、ボーイが女の子のチェンジに来ました。

私はハヅキちゃんを気に入ってしまったので、そのまま指名することにしました。A隊員もつられたようにユイちゃんを指名しています。さっきの店のアキちゃんといい、どうやらA隊員は巨乳好きのようです。

指名を入れた途端、ボーイは離れ際にカーテンを閉めていきました。

隊長　指名するとカーテンを閉めるの？

ハヅキ　そういうわけじゃあないけど、気を利かせたんじゃないかな。指名ありがとう

そう言ってハヅキちゃんはホッペタにチューをしてくれました。

隊長　はは、このオッパイに惚れてしまったからな

そのあとはハヅキちゃんのオッパイをもみながらマッタリ状態。ほかに指名も入っていなかったので、時間いっぱいつきっきりで、本当の恋人になったような気分を味わいました。チェック時に指名料金だけを払い、今日の探検は終了です。

反省会

A隊員 隊長、癒し系のセクキャバっていいですね。こんなにいいものだとは思いませんでしたよ

隊長 そうでしょ？　ハッスル系はたまにはしゃぎに行くにはいいんだけど、基本的に俺は癒し系のほうが好きだな

A隊員 だけどセクキャバは問題ありですよ

隊長 え、何が？

A隊員 こんなにさせといて、このあと僕にどうしろというんですか？

隊長 それは自分で考えてくれよ。第一、最初に自分で言ってたじゃない。セクキャバはマゾの男のための店だって（笑）

A隊員　本当にそうですよ。でも、通ってしまいそうな自分が恐いです。僕、充分マゾの素質あるみたいです（笑）

隊長　ははは

セクシーパブ（セクキャバ）は、風俗と呼ぶにはソフトな部類です。むしろ、キャバクラの延長線上にあると考えたほうがよいかもしれません。いわゆる「抜き」系の風俗と比較してしまうと物足りなく感じるでしょう。

ところが、こういうものだと割り切ってしまうと結構楽しいものです。多人数でハッスル系の店に行ってワイワイはしゃぐのもいいものですし、キャバクラ感覚で癒し系の店に行って、お気に入りの子のオッパイをさわりながら語らうのもいいでしょう。

とにかく、セクシーパブの楽しみがわかった人はハマってしまうこと請け合いです。そして、なぜか元気が出ている自分をみつけることができるでしょう。やはり、男のエネルギーは精力ととても関係が深いのがわかります。

ビギナーのための必勝ポイント〈セクシーパブ編〉

✣店選び✣

①ハッスル系の店か、それとも癒し系の店か、まずは自分の好みを見つけるところから始めよう。経験してみないとわからない部分も多いため、まずは両方にチャレンジしてみることをおすすめする。

②遊びたい地域の料金相場を、風俗情報誌やインターネットで調べよう。また、その店を気に入るか否かは、気に入る女の子がいるか否かによるところが大きい。そのため、安かろう悪かろうという考えは捨て、まずは安い店でセクシーパブの雰囲気を味わい、気に入る女の子がいるかどうか探したほうがよいだろう。

③お店によるサービス内容の差はさほどない。ただ、キスがOKかNGかの差はあるため、キスが好きな人は「キスOK」の店を探そう。また、女の子が次々に回ってくるショータイムが好きな人は、ショータイムの回数が多い店を選ぶのもよい。ま

た、癒し系の店ではショータイムを設けていない場合もあるため、事前のチェックは忘れずに。

④呼び込みをしている中にはボッタクリなどの悪質な店もあるため、基本的にはついていかないように。

✣入店前✣

①次の3点については、事前にインターネットや風俗情報誌などで調べていたとしても、呼び込みや受付のスタッフに聞いて再度確認しよう。

・料金

・前金制か後払い制か

・セット時間

②店の混み具合により、女の子が1対1でつかないこともある。女の子が1対1でつくかどうかは必ず確認しよう。

遊び方

①とにかく明るく遊ぼう。会話や雰囲気を楽しもうとせず、オッパイをさわることしか考えていないような客は女の子から嫌われる。適度に冗談を飛ばしながら、明るくオッパイをさわることを心掛ければ、女の子のサービスがよくなること請け合い。

②オッパイは必ずほめてあげよう。男も自分の大事なモノをけなされるとショックを受けるように、女の子もオッパイをけなされると嫌な気持ちになるもの。自分のオッパイに絶対的な自信を持っている女の子は多くはない。「かわいいオッパイだね」「さわり心地がいいね」「こういうオッパイが好みなんだ」といった言葉をかけてあげることによって女の子は自信を持ち、会話も弾むうえに、積極的にさわらせてくれるようになるはず。

③予算オーバーに注意しよう。ビギナーの場合、ステキなオッパイを前にすると、ついい舞い上がって延長してしまいがちである。入店前にあらかじめ時間を決めておいて、時間になったらいさぎよくチェックをし、次回また来ることを考えたほうがよいだろう。

コンパニオンインタビュー①

セクキャバ嬢

20歳
セクキャバ歴半年

この仕事をしようと思ったのは、街を歩いていたときにスカウトマンに声をかけられたのがきっかけです。

とにかく楽しくて疲れない仕事だし、お給料もいいと言うので話を聞いてみることにしました。「お客さんにヘンなことされたりしませんか?」と聞いても、「大丈夫、大丈夫」って言われましたね。

初日は本当に緊張しました。こういったお店で働くのは初めてだったし、それまでつき合った彼氏も数えるほどですから、やっぱり人にオッパイを見せるというのが恥ずかしかったんです。自分で働くことを決めたのに、いよいよとなると抵抗感がわいてきてしまって、お店が始まる直前には家に帰ってしまおうかとも思いました。

でも、ラッキーなことに最初のお客さんがとても優しい人だったんですよ。それで何とか開き直って接客しているうちに、落ち着いて仕事ができるようになりました。

ただ、ショータイムが始まったときは戸惑いましたね。お店の人にちゃんとショータイムのことは説明されていたんですが、「何これ!?本当に回るの?」って感じで。とにかく無我夢中で回ったのを覚えています。

もう、オッパイをさわられるのは慣れましたね。仕事だと割り切ってからは何とも思わなくなりました。

そうは言っても、オッパイをさわることしか考えてないお客さんにあたると、やっぱりちょっとさびしいですよ。せっかく出会えたんだから、ちゃんとお話したいです。オッパイだけでなく、私という人間を気に入ってお店に通ってほしいですね。


嫌なお客さんですか?

そうですね……オッパイだけでは満足できずに、下半身をさわろうとするお客さんですね。「ここはそういうお店ではないんですよ」と言ってなだめていますけど。


あと、「店が終わってからデートしよう」としつこく言ってくるお客さんも嫌ですね。一応、お店からはアフターは禁止されているんですよ。店長が言うには、お客さんはオッパイをさわって欲情しているから、アフターなんかしたら大変なことになるらしいです(笑)。

そもそも今は、とにかくお仕事で精一杯なので、アフターまでする気力は残っていません。スカウトマンには「楽な仕事」だと言われてたんですけど、やっぱりカラダも気も結構張っているんでしょうね。だから、禁止されてなくてもアフターには行きませんね(笑)。

ただ、もう少し仕事に慣れて、ステキな男性が現れたら、店長の目を盗んでアフターしてもいいかな、と思っています。

第2チェックポイント

ファッションヘルス

ある提案

ある日、W隊員から提案がありました。

W隊員　隊長、ビギナーのための風俗テキストということであれば当然、ファッションヘルスも探検してレポートすべきじゃないんですか？

隊長　う〜ん、確かにいまや風俗の中ではヘルスが一番の主流だけど……ヘルスならほとんどの男が体験済みだろうし、いまさら興味なんかないんじゃないかなあ？

W隊員　とんでもないですよ、ヘルス未経験の男なんてザラにいます！

隊長　えっ、そうなの？

W隊員　ダメですよ、自分を基準に考えちゃあ。隊員の中にも未経験者がいるんですから

隊長　えっ、誰？

W隊員　Y隊員とM隊員です

隊長　Y君なんか、いつも風俗雑誌読んでるじゃない？

W隊員　彼は行ってみたくて雑誌を見てるんですけど、勇気がなくてなかなか行けないんです

隊長　そうだったんだ。でも、M君は風俗みたいなのは嫌いだと思ってたんだけど

W隊員　嫌いじゃないけど、お金がなくて行けないんですよ

隊長　お金がないって……あいつ、いつも「パチンコで2万円負けた」とか言ってるじゃない。そのお金で充分行けるじゃないか

W隊員　未経験者にとって、ヘルスで使う2万円はパチンコで3万円負けるより勇気がいるものなんですよ

隊長　へえ、そうなんだ。俺なんか、パチンコで2万円負けた憂さ晴らしにヘルスに行くけどなあ

W隊員　そっちのほうがおかしいですよ。ちょっと感覚がマヒしてませんか？

隊長　俺にとっては、それがふつうなんだけどな。よし、Y君とM君を強制的にヘルスデビューさせるか！　お金は俺が持とう！　その代わり、レポートは2人に書いてもらおうか

W隊員　さすが隊長、太っ腹！　ごちそうさまです！

隊長　君も行くの？　一緒に行くのはいいけど、君は自腹だからね（笑）

ファッションヘルスとは

サービス内容

ここで、一般的なファッションヘルスのルールを簡単に説明しておきましょう。

サービス内容は、お客と女の子（コンパニオン）ともに裸になり、シャワーを浴びたあとで、女の子が手と口でサービスしてくれるというものです。当然、本番はナシです。

接客は完全個室です。ほとんどの店が個室内にシャワー室を設けていますが、店によっては共同のシャワー室を順番に使う場合もあります。

また、基本的に女の子は写真を見て選ぶことができます。以前はマジックミラー越しに、何人かいる女の子の中から好きな子を選ぶシステムの店が多かったのですが、最近はアルバムの中から選ぶのが主流になりました。

さらに、ヘルスにはさまざまなジャンルがあります。ふつうにベッドでサービスをするオーソドックスな店から、ソープランドのマット洗いをまねたマットサービスの店など、サービスの形態は多種多様です。

料金体系

料金体系はお店によっても地域によってもまちまちですが、基本的に次の6つの種類があります。

①入会金
②入場料
③本指名料
④写真（アルバム）指名料
⑤サービス料
⑥オプション料

①入会金

首都圏では、多くの店が入会金制度を採用しています。一方、地方で入会金制度のある店は多くありません。

入会金ですから、一度払ってしまえば、次回からはメンバーズカードを提示するだけで入店できます。金額的には1000～2000円の店が多いようです。

また、入会金制度をとっている店は、たいていの場合入場料は必要ありません。

②入場料

入場料制度は、地方のお店ではよく採用されていますが、首都圏ではあまり採用されていません。金額的には1000～2000円くらいのお店が多いようです。

③指名料

何回か通ってお気に入りの女の子ができたときは、その子を指名することができます。その際にはキャバクラなどと同様、指名料がかかります。

金額的には1000～3000円が相場といったところです。

④写真（アルバム）指名料

写真を見て女の子を指名をする際にかかるのが、写真（アルバム）指名料です。有料か無料かは、店によって異なります。

傾向としては、入場料をとっている店では入場料に含まれているケースが多く、入場料をとらない店では写真指名料を別にとっているケースが多いようです。

金額は1000～2000円が相場です。

指名もなく、写真指名もしなかったとき（フリー）は、あいている女の子の中からお店側が選んでつけてくれます。ただし、店のおまかせにした場合は、どんなに自分のタイプでない子がついたとしても文句は言えません。

⑤サービス料

サービス料は、個室で女の子から受けるサービスに対して支払う料金のことです（受付で、一括で支払うシステムの店もある）。基本的に、何分のコースを選択するかによって金額は異なります。

時間的には、お店によって30分コース、45分コース、50分コース、60分コース、70分コース、

90分コースなど、さまざまな設定があります。また、時間帯によって料金が異なる店（多くの場合、開店直後や午前中など早い時間に入店するとリーズナブル）もあります。

相場としては、10分あたり3000円前後と考えればよいでしょう。

⑥オプション料

ファッションヘルスでは、ピンクローターやバイブ使用、ポラロイド撮影、コスプレ、放尿鑑賞、パンスト破りなど、趣向を凝らしたさまざまなオプションが用意されています。

料金としては、1種類につき1000〜3000円といったところでしょうか。


お店によってシステムはまちまちですが、総額で計算すると、30分で1万円前後、45分で1万3000〜1万6000円、60分で1万9000〜2万2000円が、1回にかかる金額の相場と考えればよいでしょう。

入店と女の子選び

探検当日、結局W隊員はほかに予定が入って行けなくなったため（自分だけ自腹なので逃げたとも思われる……）、ヘルスデビューのY隊員とM隊員を連れて、3人で出かけることになりました。

Y隊員・M隊員　今日はご招待いただきましてありがとうございます

隊長　おお。ただし、ちゃんとレポートは書いてくれよ。初心者として見たこと・聞いたこと・感じたことをそのままレポートしてくれればいいからね。俺は自分のペースで楽しんでくるからさ

Y隊員　隊長のペースって、どんなのですか？　初心者とは違うんですか？

M隊員　まさか、マニアックなことをしてるんじゃあないでしょうね？

隊長　そうじゃないんだけど、俺は攻め専門で、最後に素股でイクほうだから

M隊員　「スマタ」って何ですか？

隊長　素股っていうのは、女の子の股にローションをたっぷりつけて、そこに挟んでこすってもらうやり方のことだよ。動きそのものは本番そのままで感触も似ているから、擬似本番ってとこかな？　お店によっては禁止している店もあるし、女の子によっては嫌がる子もいるので、いつもできるとは限らないんだけどね

Y隊員　それ、やってみたいです

隊長　女の子に頼んでみるといいよ

Y隊員　はい、がんばって頼んでみます！

今回は初心者2人を連れて行くということもあり、ベッドプレイとマットプレイのどちらでも選べる店に行くことに決めました。とりあえず、私のよく行く店に向かいます。

店員　いらっしゃいませ。お客様は3名様でよろしいですか？

隊長　うん。すぐに入れるかな？

店員　そうですね、10分から30分程度はみなさまお待ちいただくことになります。一度アルバ

ムのほうをご覧いただいて、ご検討いただけますか？

隊長　じゃあ、とりあえずアルバムを見せてもらおうか

店員　では、アルバムをお持ちしますので、こちらのほうに掛けてお待ちください

Y隊員　隊長、アルバムを見るのはタダなんですか？　店に入ったら入場料がかかるんじゃないんですか？

隊長　ほとんどの店がアルバムを見るのは無料なんだよ。それどころか、その間のドリンクもサービス、つまり無料というのが原則だね。この業界はリピート客がどれくらい来るかが勝負だから、仮にその日は時間が合わなかったり好みの女の子がいなかったりしてそのまま帰ったとしても、お客としては一度お店の中に入ったという安心感から、また来てくれるケースが多いんだよ。だから、いかに印象よくお客さんを帰すかが、この業種における営業のコツなんだよね

店員　お待たせしました。今からの時間ですと、こちらの女の子のご紹介となります

店員が10枚ばかりの写真を持ってきました。写真には案内時間が水性マジックで書かれています。

M隊員　ここに書いてある時間が待ち時間ということですよね？　これを見ると、早い子で10分待ち、遅い子だと1時間待ちですね

隊長　そうだね。やっぱりそれなりのお金を払うわけだから、よほどのこと、たとえば終電に間に合わないとかでない限り、自分の好みの女の子を選んだほうがいいと思うよ。1時間待ちなんてふつうだしね

Y隊員・M隊員　なるほど。じゃあ、じっくり選びます

隊長　今日は君たちが主役だから、遠慮なく好みの子を選べばいいよ。俺は君たちが選んだあとで選ぶから

数人で行った場合、女の子選びでもめることがあります。かわいい子がたくさんいる店では問題ないのですが、そうでないときはどうしても人気がかたよってしまいますし、好みがかぶってしまうこともあります。そうなると、仲間内で壮絶な争いとなるのです。

無用な争いを避けるためにも、そのようなときは、私はたいてい無難にジャンケンで選ぶ順番を決めるようにしています。

コース選択と注意事項の説明

それぞれ好みの女の子を選んだあとは、コースの選択です。

Y隊員　隊長、コースはどうするんですか？　おごってもらう身としては「安いコースでいい」と言いたいところですが、30分コースはやっぱり嫌です

隊長　俺も30分ではせわしなくて嫌だな。俺はいつも60分コースなんだけどね

M隊員　45分では短いですか？

隊長　それが微妙なんだよなあ。実際には、45分コースのお客も多いよ。本当にやることをやって帰るだけなら、45分もあれば充分なんだよね。でも、少し女の子と会話をしてマッタリしたいという人は、ちょっと物足りないだろうね……。よし、今日は奮発して60分コースにしよう！

Y隊員・M隊員　ありがとうございます！

隊長　せっかくだから、ベッドとマット、両方のプレイをレポートできるように、それぞれの担当を決めてくれ

Y隊員・M隊員　わかりました

結局2人はジャンケンをして、Y隊員がベッド、M隊員がマットの担当となりました。

今回は初めてということもあり、オプションは何もつけないことにして、60分コースの料金を3人分、前金で支払いました。

お金を支払ったあとで、店員から注意事項の説明がありました。

店員　当店では、本番行為および本番行為の強要はかたく禁止させていただいております。また、当店では女の子への指入れはOKですが、女の子が痛がる行為、嫌がる行為はご遠慮ください。以上のような行為が発覚した場合、また女の子のスカウト行為をなさったお客様に関しましては、即座に退場していただきます。その際の料金の返金はございませんのでご了承ください。また、場合によっては罰金50万円をいただく場合もございますので、ご注意ください

M隊員　罰金なんて厳しいですね

隊長　当たり前だよ。女の子がいなくなったらやっていけないから、お店側は女の子を守るために必死なんだよ。特に本番行為をお店が認めたら、即警察に捕まるしね。何かあったときのためにも、お店は「自分たちはここまでちゃんとやってます」ということを示しておかなければいけないんだよ

M隊員　本番行為は一切やってないんですかね？

隊長　まあ、その話は店を出てからにしよう

ベッドプレイ担当のY隊員が、自分が選んだコース内容の説明書きを見ながら質問してきました。

Y隊員　隊長、ここにサービス内容が書いてあるんですけど、基本コースに「Dキス、ボディー洗い、受身、69（シックスナイン）、ローションプレイ、リップサービス、素股、口内発射」と書いてありますよね。「Dキス」はディープキスのことで、「ボディー洗い」はそのまんま、「シックスナイン」は体位でしょ。「ローションプレイ」はローションを使ったプレイ、「リップサービス」は口でやってくれることで、素股はさっき説明してもらい

ましたし……。あと、「口内発射」は女の子の口の中で出すことだってわかるんですけど、「受身」ってなんですか？

隊長　受身というのは、女の子がマグロ状態で寝ているのを好きにしていいということだね

Y隊員　えっ!?　好きにしてしまっていいんですか？

隊長　さっきのルールさえちゃんと守れば、好きにしていいんだよ

Y隊員　じゃあ、あーんなことや、こーんなことしてもいいんですね!?

隊長　あーんなことや、こーんなことって、どんなことだよ（笑）。とにかく、女の子が嫌がる行為でなければいいんだよ

Y隊員　うわー、楽しみです。どんなことをするか今から考えておきます！

隊長　はは、あんまり変なことを考えるなよ

案内

しばらくすると店員がY隊員のところへやってきました。

店員　お客様、もうそろそろご案内となりますが、ご案内前にトイレのご利用は大丈夫でしょうか？

Y隊員　ええ、大丈夫です

隊長　プレイの途中でトイレに行きたくなったら大変だから、今のうちに行っておいたほうがいいよ

Y隊員　じゃあ、念のため行っておきます

ファンションヘルスでは、個室にトイレはついていません。そのため途中でトイレに行きたくなった場合は、裸のままバスタオルを巻いて共同のトイレに行くことになります。また、その時間もコースに含まれて計算されてしまいます。

つまり、ちょっと情けないうえに、非常にもったいないといえるのです。
よって、プレイ前には必ずトイレを済ませておきましょう。

Y隊員がトイレから戻ったところで、店員が案内に来ました。

Y隊員　じゃあ、行ってきます！

隊長　おお、がんばれよ。あとでちゃんとレポート書いてもらうからな。終わったら店を出た向かいの喫茶店で待っててくれよ

Y隊員は少し緊張した面持ちで、女の子が待つカーテンの向こうに消えて行きました。

探検レポート①　～ベッドプレイ～

担当：Y隊員

では、無事ヘルスデビューを果たしたY隊員のレポートを読んでみましょう。


カーテンをくぐると、OLの制服を来た女の子が笑顔で迎えてくれました。

隊長からは「アルバムの写真はかなりかわいく写っているから、多少割り引いて考えておけよ。実物もこのとおりだと思ったらがっかりするケースが多いから」と言われていましたが、実物は写真よりもっとかわいいといった印象でした。

「ラムです。よろしくね。部屋はこちらです」

女の子はそう言って手をつなぎ、個室まで案内してくれました。

部屋は思っていた以上にきれいです。ラブホテルのような内装で、ビジネスホテルのシングルルームくらいの広さはあります。

（※隊長注：ビジネスホテルのシングルルームくらいあれば、ファッションヘルスの中

でも結構広いほうと言えるでしょう。一般的には、もっと狭い部屋の店のほうが多いものです）

「この店はよく来られるんですか？」

「いや、初めてなんです。というか、こういう店自体が初めてなんですよ。だからドキドキしてるんです」

「本当に？　ヘルス自体が初めてなんですか？　じゃあ、今日はお友だちといらっしゃったんですか？」

「ええ。３人で来たんですけど、僕ともう1人が初めてで……一度来てみたかったから、こういうところに詳しい人に連れて来てもらったんです」

「そうなんだ。じゃあ、今日は楽しんで帰ってくださいね。今日は60分コースですね。まず服を脱ぎましょうか。私が脱がしてあげるね」

ラムちゃんはそう言って、タイマーをセットしてから僕の服を脱がし始めました。

最後にパンツ1枚になったときは恥ずかしさでドキドキしましたが、腰にバスタオルを巻いて見えないようにしてくれてから、パンツを脱がしてくれました。

「私も脱いじゃうけど、自分で脱いじゃっていい？　それとも脱がしてくれる？」

「あ、脱がしたい！　やらせて！」

ＯＬの制服を次々に脱がせていき、ブラジャーをはずすと、ボリュームのあるオッパイが出てきました。たまらずにオッパイをもみもみ。最後にパンティーを脱がせるときは、本当にドキドキものでした。

‡

「じゃあ、シャワーを浴びるから、呼んだら来てね」

そう言ってラムちゃんはシャワー室に入りました。

ジャーというお湯を出す音に続いて、ガタガタと準備を始める音が聞こえました。

「いいよ。入ってきて」

バスタオルをはずしてシャワー室に入ると、真ん中にソープランドで有名な通称「スケベ椅子（股間の部分に穴が開いたイス）」が置いてありました。

「ここに座ってね」

うながされてスケベ椅子に座ると、ラムちゃんが体にシャワーをかけてくれました。

次にボディーソープを手につけ、ボディー洗いが始まります。胸、手、腕、首筋を洗ってくれたあと、スケベ椅子のくぼみに手を差し入れてきました。

お尻からタマタマちゃんのほうまで洗ってくれたあとは、いよいよ一番敏感な部分の番です。ラムちゃんはていねいに洗ってくれ、僕の大事なモノはもう期待でビンビンギンギン状態。

次に、「これでうがいをしてね」とコップに入ったイソジンを差し出されました。

（※隊長注：ボディー洗いはお客さんへのサービスでもありますが、女の子が自分でなめるところをきれいにしておくという意味もあります。そのため、局部を洗うときは自然とていねいな洗い方になります。男としては、それがたまらなく気持ちがいいのですが（笑）。

同様に、自分の大切なところをさわられることを想定して、お客さんの手の指もていねいに洗います。このとき、爪が伸びてないかもさりげなくチェックしています。

また、ファッションヘルスではディープキスをサービスに入れている店がほとんどなので、お客さんのうがいは必須です。

うがい薬はイソジンを使っているところが多いのですが、ミント系のうがい薬を使っている店もあります。特にミント系のうがい薬は、息子さんにかけて、お客さんが病気を持っていないかどうかのチェックにも使います。痛がった場合は、病気の疑いが濃厚ということになるわけです）

シャワーを浴びたあとは、ていねいにバスタオルで拭いてくれました。

「ベッドで待っててね」

そう言うとシャワー室のドアを閉め、今度は自分の体を洗っているようでした。

ベッドに横になると天井は鏡張りになっていて、そこにはだらしなく裸で寝ている自分の姿が写っていました。

バスタオルを体に巻いたラムちゃんがシャワー室から出てきました。「照明暗くしていい？」と聞きながら、明かりを調整しています。

暗いほうがムードはありそうですが、あまり暗いとラムちゃんの裸が見れません。微妙な調整をして、ムードはあるけれど、見たいところはちゃんと見られるくらいの明るさにしてもらいました。

バスタオルを巻いたままベッドに上がって僕の左に横たわると、ラムちゃんは初心者の僕を優しくリードしてくれました。

「最初は私が受身になるから、好きなようにさわってみて」

僕は、まずキスから始めました。

そのうちラムちゃんも舌をからませてきて、濃厚なディープキスに発展です。バスタオルをはがして、キスをしながらオッパイをさわります。乳首を攻めると、感じているようで、ウッという声を出しました。さらに体をずらしてオッパイをなめると、気持ちよさそうな声を出してくれます。

いよいよ、ラムちゃんの秘密の場所を拝見です。僕はラムちゃんの股の間に入り込み、両足を大きく開かせました。思った以上にきれいで、うれしくなりました。自分の彼女は、恥ずかしがってなかなかこんな格好はしてくれません。受身っていいなあと思いました。

思わずむしゃぶりつくと、ラムちゃんは本当に感じているらしく、切ないあえぎ声をあげます。そして、どんどん濡れてきました。僕は、こういうところの女の子は演技で感じているフリをするものだと思っていたので、本当に濡れてきたのにはビックリしたし、感激もしました。

‡

しばらく夢中になって指と舌で攻めていると、

「もうだめ、変になっちゃう。交代しよ。私が気持ちよくしてあげる」

ラムちゃんがそう言って起き上がり、僕を仰向けに寝かせました。

やさしく口にキスをしてくれてから、首筋から胸へとなめていき、乳首を舌でくすぐります。男の乳首も結構感じるものなんですね。それから大事なところは通り過ぎて、足の指を1本1本口に含んでくれました。足の指をなめられるなんて初めてのことでしたが、くすぐったいのと同時に、意外と気持ちがいいものです。

次に、さきほど僕がラムちゃんにやったように、僕の足を大きく開かせました。その格好のまま、ラムちゃんは袋の部分をなめ始めます。これがまた、ちょっとくすぐったくて気持ちがいいのです。

さらにタマタマを1つ口に含み、やさしく吸ったり、舌でころがしたりし始めました。こんなことをされたのは初めてです。力加減をちょっと間違えると痛くて仕方なさそうですが、そこのところはさすが心得たもので、まさに絶妙な気持ちよさなのです。

もう1つのタマタマも同じようにしてくれてから、いよいよ一番感じる部分の番がきました。今までのジラシ作戦で、そこはもう膨張指数200％です。

ラムちゃんは僕の大事なモノを軽く持ち、まんべんなくキスしたあと舌をはわせてきました。てっぺんまできたところで舌でこちょこちょイタズラし、ついにパクッと全体をくわえてくれました。

待ちに待った瞬間です。ラムちゃんの温かい口の中で、僕はとろけそうです。

時間はまだたっぷりあります。

ラムちゃんは僕の気持ちよさを持続させるように、ゆっくりゆっくり口を上下させています。そして、口にくわえたまま体を反転させて僕の顔をまたぎ、シックスナインの格好になりました。

ラムちゃんはまだ濡れたままです。僕も、お返しにとばかりに舌で攻撃。僕のモノをくわえたラムちゃんの口から、ウーンという声がもれています。

　これだけでもイッてしまいそうでしたが、ふと隊長が言っていた「素股」というのを思い出しました。

「ねえ、素股というのをやってみたいんだけど」

「いいよ。ちょっと待ってね」

‡

　ラムちゃんはローションを取り出して、まず自分の股にべったりローションを塗りつけ、次に僕の元気になっているモノにローションを垂らしました。ローションの冷たい感触がたまりません。そして垂らしたローションを手でさらに塗りつけたのですが、これだけでイッてしまいそうな気持ちよさです。

　ベトベトネチャネチャになったところで、それを持ったままラムちゃんは騎上位の体勢をとりました。そして、（間違って挿入しないように）手で持ち、自分の股にこすりつけながら腰をスライドさせます。これは、本当に騎上位で本番をやっているような錯覚に陥ります。

「イキそうになったら言ってね」

しばらくはなんとか我慢していましたが、ラムちゃんの絶妙な腰使いに、僕はとうとうギブアップです。

「そろそろイキそう」と言うと、ラムちゃんは体をずらし、手でこすりながら口にくわえてくれました。そして、我慢に我慢を重ねた僕の大事なモノは、ラムちゃんの口の中で思い切り爆発したのです。

ラムちゃんは最後の1滴までしぼり出すように吸い取ってくれました。口の中のものはこっそりティッシュに出したようですが、僕は放心状態でだらしなく仰向けになったままでした。

大事なモノをやさしくティッシュで拭いて後始末をしたあとで、ラムちゃんは僕に添い寝をしてきました。

「どうだった？」

「うん、最高。僕、ラムちゃんにほれてしまうかもしれない」

「ふふ、うれしい」

そんな話をしていると、セットしていたタイマーが鳴りました。

「じゃあ、シャワー浴びようか。ちょっと待っててね」

そう言って、ラムちゃんはシャワー室に消えて行きました。

‡

終わりのシャワーは、汗とローションを流すだけといった簡単なものでした。僕の体を拭いてくれたあとで、ラムちゃんは「服着て待っててね」と言い、後片付けをしているようです。

2人とも服を着終わってから、ラムちゃんは名刺にメッセージを書き込んで渡してくれました。

〈今日はありがとう。すごく楽しかったです。またラムに会いに来てね。いっぱい気持ちいいことしようね〉

うーん、またすぐに来てしまいそう……。

帰り支度ができたところで、ラムちゃんがインターフォンでフロントに連絡をとりました。

「ラムです。お客様のお帰りです」

（※隊長注：部屋を出る前にフロントに連絡を入れるのは、通路でほかのお客さんと鉢合わせをしないためです。そのため、ほかのお客さんが先にフロントに連絡を入れていた場合は、その人が出るまで待っているよう指示されます）

「じゃあ、行こうか。忘れ物ない？」

ラムちゃんは、最初のカーテンのところまで手をつないで送ってくれました。

「じゃあ、またね。ありがとう」

最後にそう言って、軽くキスをしてくれました。

いやあ、ヘルスって本当にいいものですね。これからは月に1回は通います！

探検レポート②　〜マットプレイ〜

担当：M隊員

次は、これまた無事ヘルスデビューを果たしたM隊員のレポートです。

僕が選んだユキちゃんは、実物は写真とかなり違っていました。写真ではすごい美人に見えたのですが、実際は本当にその辺にいるふつうの女の子といった感じで、身長もそんなに高くなく、どちらかといえばかわいい感じの子でした。でも、オッパイは結構大きかったです。

部屋に案内されたとき、素直に「ヘルスは初めて」だと言うと、ユキちゃんはテレビタレントの話などをして僕の緊張をほぐしてくれました。

Y君のときもそうだったみたいですが、初めての人は素直にそのことを言ったほうが女の子の受けもよさそうです。次回行ったときも、試しに初めてだと言ってみようかと思っています。

（※隊長注：ヘルス慣れしているお客さんは、自分なりのパターンがあったり、女の子にいろいろ注文をつけたりと、女の子にとっては仕事がやりにくい人が多いようです。よって、仕事がやりやすい初心者は女の子に喜ばれるうえに、指名でのリピートを狙って、サービスもよりていねいにしてくれます。そのため、初心者は素直に初心者であることを告げたほうが絶対トクです）

僕の服を脱がせてくれたあと、ユキちゃんはＯＬの制服をちゅうちょすることなく次々に脱いでいきます。僕はバスタオル１枚の姿でベッドに腰掛け、ユキちゃんのストリップを見ていました。

ブラジャーをはずすときも思い切りがよく、ハリのあるオッパイが飛び出してきたときは悩殺されそうでした。さすがにパンティーのときだけはこちらに背を向け、少し恥ずかしそうに脱いでいる姿がかわいかったですね。

「じゃあ、シャワーの準備をするからちょっと待っててね」

そう言ってユキちゃんはシャワー室に消えて行き、シャワーを出しながら準備を始めました。

待っている間、僕の心臓は緊張でドキドキし、僕のムスコは期待で超ボッキしていました。

‡

「準備できたよ。こっちに入ってきて」

シャワー室のドアを開けてユキちゃんが呼んでくれました。

バスタオルをはずしたとき、すでに大きくなっているのを見られるのがちょっと恥ずかしいなと思いました。でも、相手は見慣れているだろうと開き直って、前を隠さずにシャワー室に入って行きました。

「うれしい！ もうこんなになってくれてるんだ！」

入るなり、ユキちゃんはそう言って僕のムスコを握りました。不意をつかれ、ムスコは驚いたようにビクッとさらに跳ね上がります。

「うふ、元気だね。じゃあ、ここに座って」

そう言いながらユキちゃんは、スケベ椅子を僕の前に置きました。

シャワー室は思ったより広く、3畳くらいの広さがあります。壁には、海水浴で使うような空気でふくらませたマットが立てかけてありました。

スケベ椅子に座った僕に温かいシャワーをかけてくれたあと、薄めたイソジンを手渡してくれたので、それでうがいをしました。

次にユキちゃんはボディーソープをつけて、僕の体を洗い始めました。体全体を洗ってくれたあと、スケベ椅子に手を入れてきて、お尻とタマタマ君をていねいに洗ってくれました。

最後に僕のムスコをていねいに洗ったあと、ユキちゃんはゆっくりとそこをこすったりしごいたりしながら顔を近づけてきて、ディープキスをしてくれました。僕も手を伸ばし、ボリュームのあるオッパイをもみながらディープキスに応えます。てのひらについたボディーソープがヌルヌルすべって気持ちがよかったです。

これ以上しごかれるとヤバイぞ！　と思った瞬間にユキちゃんは手を離し、シャワーのお湯でボディーソープを流してくれました。

「じゃあ、マットの準備をするから、ちょっとここに立って待っててくれるかな」

　そう言ってユキちゃんは僕をシャワー室の隅に立たせると、壁に立てかけてあったマットを床に敷き始めました。敷いてみると結構大きくて、シャワー室がいっぱいになる感じです。

　シャワーでマットを洗い流したあと、枕の部分にタオルを敷きました。

「ゆっくりうつ伏せに寝てくれる？　すべるから気をつけてね」

　僕はゆっくりうつ伏せになりました。気をつけないと、マットの上は本当にすべりそうです。

　ユキちゃんはと見ると、洗面器を取り出し、そこにローションをたっぷり入れて、お湯となじませています。タプタプタプという音が聞こえてきます。そうしてでき上がったものを手のひらにすくい取り、僕の背中にかけてくれました。温かくヌルッとしたローションが心地く広がっていきます。

　ユキちゃんはローションを僕の体全体にかけてくれたあと、自分の体にも塗りつけました。

「すべるから、枕のところにつかまっててね」

そう言うと、ユキちゃんは僕の背中にゆっくり乗ってきました。背中にユキちゃんの大きなオッパイがあたって気持ちいい。

ユキちゃんは、僕のお尻から背中までヌルヌルと上がったり下がったり、大きなオッパイを使ってボディー洗いを始めました。まさに極楽です。

次に僕の片足を股ではさみ、股間のタワシで洗ってくれました。ソープでおなじみの「タワシ洗い」だそうです。タワシ中央にある柔らかいユキちゃんのアソコの感触が伝わってきて、何とも言えぬ気持ちよさ。

最後にユキちゃんは僕の足を大きく開かせ、マットと僕の体の間に両手を入れてきました。右手でタマタマ君を柔らかくもみ、左手でムスコをやさしくさすり始めます。

正直、これにはまいりました。ローションのヌルヌル感で、僕のムスコと左右のタマタマ君はギブアップ寸前です。しかし、ここは耐えなければなりません。このあとには、もっと気持ちいいことが待っているに違いないからです。

必死に耐えていると、ようやくユキちゃんが手を離しました。親孝行な僕のムスコは何とか親の意向をくみ、耐え切ってくれたようです。

「今度はゆっくり仰向けになってみて。すべるから、マットのふちにつかまりながら回転すればいいからね」

ただでさえすべるマットがローションでヌルヌル状態になり、思うように動けません。仰向けになるのも本当に大変です。僕はユキちゃんに言われたとおりマットのふちにつかまりながら、やっとのことで仰向けになりました。

「すべりそうなら、ふちにつかまったままでいいからね」

ユキちゃんは洗面器に残っていたローションを僕のお腹と胸の上に全部垂らし、手でなでるように塗りつけていきます。

それからゆっくり僕の上に乗り、優しくキスをしてくれました。思わず抱きしめようとするとマットのふちから両手を離すことになり、体が不安定になります。仕方なく片手でマットのふちをつかみ、片手でユキちゃんの背中からお尻をなでるようにしました。

ヌルヌルの体は、さわってもさわられても気持ちのいいものです。ユキちゃんはキスをしながら僕の太もも、胸、乳首と、ヌルヌルの手で刺激してきました。

次にユキちゃんは体をずらし、大きなオッパイで僕のいきり立っているモノを刺激し始めました。

おお、これが噂に聞く「パイズリ」というやつか！　ヌルヌルのオッパイに僕のムスコをはさみ、手でオッパイを上下させて刺激してきます。ローションの効果もあるのでしょうが、パイズリがこんなに気持ちのいいものだとは思いませんでした。


パイズリのあとは、気持ちよさにひたっている僕のムスコをゆっくりこすりながらのタマなめ開始です。

「ローションってなめても大丈夫なのかな？」とつまらぬことを考えたのはほんの一瞬のこと。ユキちゃんの攻めはタマタマ君がふるえ、そして縮み上がるほど巧みで、背中がゾクゾクしてきます。僕は目をつぶって快感に酔いしれました。

「もうそろそろ核心に迫ってほしいな」と思ったとき、ムスコの頭に温かいものが触れました。その瞬間、僕は温かくて柔らかい世界に包まれていました。

ユキちゃんの巧みな舌さばきに、ムスコは「もうそろそろいいだろう？」と親に許しを請おうとします。

「いや、まだだ！　もう少しがんばれ！」

親はムスコを叱りつけます。

「もうダメだよ！」

ムスコが悲鳴をあげています。

しばらく親子で葛藤した末、とうとうムスコは音を上げてしまいました。

ユキちゃんはそれを口に含んだまま、手でしぼり出すようにさすり、僕のムスコは、ピクッピクッとそれに応えていました。

‡

やっとおとなしくなったムスコを放して、ユキちゃんは向こうを向きました。そっと口から吐き出してから、シャワーで流しています。

そのまま僕の横にすべり込んできて、狭いマットの上で添い寝をしてくれました。

「ローションってなめても大丈夫なの？」

「うん。よく知らないけど、海草か何かでできているらしくて、なめても全然害はないんだって」

（※隊長注：実際には海草ではなく、水溶性ポリマーという物質がローションの主成分です。もちろん、なめても害はありません）

「へえ。だけど、ローションがこんなに気持ちのいいものだとは思わなかったよ」

どこで売っているのか、あとで聞いてみよう……そんなことを考えるほど気持ちがよかったのです。

「ふふ、彼女とこんなプレイをする人はあんまりいないからね」

「いやあ、クセになりそうだよ」

「じゃあ、そろそろシャワー浴びようか。そのまま寝て待っててね」

そう言うと、ユキちゃんはそろりそろりと起き上がり、シャワーのお湯を出して体にかけ始めました。

シャワーである程度ローションを流すと、僕が起き上がるのを手伝ってくれました。

そしてマットを立てかけると、「ボディーソープを使ってもいい？」と聞いてから、ボディーソープを使って体を洗ってくれました。

（※隊長注：妻帯者など、家に帰ったときにボディーソープの香りをさせているとマズイというお客さんもいます。そのため、最後のシャワーのときには、女の子が本人に確認するのが一般的です。私も妻帯者ですから、慣れないうちはオーデコロンを用意しておき、自分に振りかけてから帰ったりしたものです。

しかし最近は慣れたもので、家族が寝静まった頃を見計らって帰り、そのまま風呂に直行するようにしています。そうすれば、まずバレることはありません）

体を拭きながら、ふと疑問に思ったことを聞いてみました。

「せっかくベッドがあるのに、マットプレイだと必要ないよね」

「ううん、途中までマットでして、最後はやっぱりベッドでやりたいというお客さんもいるの。だから、マットだけの部屋というのはこの店ではつくってないんだ」

「そんなこともできるんだ！　今度来たときは僕もそうしようかなあ」

「そのほうがよかった？　でも、マットとベッド両方となると、シャワーを浴びる回数が1回多くなるから、プレイの時間が短くなるよ」

「あ、そうか！　だったらやっぱりマットだけのほうがいいや」

「そうだね。90分とかロング（の時間）で入るお客さんならいいけど、マットはマット、ベッドはベッドと区別したほうがいいと私は思うよ。今回はマット、次回はベッドと、交互に遊んだらいいじゃない？」

「なるほど。じゃあ、次回はベッドにチャレンジだな！」

「じゃあ、そろそろ出ようか。ちょっと待ってね、電話するから」

そう言ってユキちゃんは、インターフォンで「ユキです。お客様のお帰りです」と告げました。

「忘れ物ない？」

「うん、大丈夫だよ」

「今日はありがとう」

そう言ってキスをしてくれてから部屋を出て、手をつないで入口のカーテンのところまで送ってくれました。

「じゃあまたね」

「またくるよ」

笑顔に見送られて、僕もニコニコしながらカーテンをくぐりました。

あ、しまった！　あのローションどこで売っているか聞くの忘れた！

反省会

今回は私が最後に入ったので、ことを終えて喫茶店に行くと、先に出ていたY隊員とM隊員は既にコーヒーを飲みながら楽しそうに反省会をしていました。

Y隊員　隊長！　ヘルス最高です。ありがとうございました

M隊員　ごちそうさまでした！

隊長　どうだった？　ちゃんとレポートは書けそうか？

Y隊員　任せてください！　もうバッチリ細かいところまで観察してきましたから。ラムちゃんのホクロの位置まで覚えてますからね

隊長　ホクロの位置なんかレポートしても仕方ないじゃん（笑）

Y隊員　それよりM君に聞いたんですけど、マットプレイもよさそうですね

隊長　マットは男が完全に受身になるけど、あれは本当に気持ちいいよな。まさに王様気分と

はあのことだね

Y隊員　今度は僕、マットにチャレンジしたいです！

M隊員　僕は、今度はベッドでやってみたいです！

Y隊員・M隊員　また連れてってください！

隊長　連れて行くのはいいけど、お金は知らんよ。毎回おごってたら身が持たないから

M隊員　W君から聞きましたよ。隊長はパチンコに2万円負けた憂さ晴らしにヘルスに行くそうじゃないですか。なら、パチンコに負けたと思って連れて行ってくださいよ（笑）

隊長　おいおい、勘弁してよ

まったく、大変な奴らにヘルスを教えてしまったものです。

ヘルスでの本番はあり得るか？

自由恋愛はあり

M隊員　そうそう、隊長がさっき店を出てから話そうって言ってた件、教えてくださいよ

隊長　何の話だっけ？

Y隊員　「ヘルスでは、本番行為は一切ないのか」ということですよ。実際のところはどうなんですか？

隊長　うーん、ここからの会話を載せるかどうかは担当編集者に任せるとして……実際はあるね

M隊員　やっぱり！　その場合は、料金とは別にお金を渡すんですか？

隊長　いや、それはないのがふつうだよ。お金につられて本番を許す女の子は少ないと言った

ほうがいい。でも、今の世の中何でもありだから、なかにはそういう女の子もいるかもしれないね。ただ、店にバレたら即クビは免れないよ

Y隊員　じゃあ、いったいどうやってやるんですか？

隊長　言ってみれば、「自由恋愛」というやつさ。ヘルスで働いている女の子も1人の女性なわけだから、お客さんを好きになることもある。好きな相手と裸でそういうことをしていれば、ついつい最後まで……というパターンだね

M隊員　ということは、ある程度お店に通って、ほれさせなければいけないわけですね

隊長　そういうことだね。ただ、彼女たちもプロだから、相手が本当に好意を持ってくれているのか、それとも単に本番をしたいだけなのかくらいはわかる。だから、客自身もある程度本気で相手を好きにならないと無理だろうね

M隊員　なるほど、そういうことかあ

不思議な体験

隊長　そうそう、隊員のIさん知ってるだろ？

Y隊員　ええ、最年長のIさんですよね？
隊長　彼は不思議な体験をしているんだよ
M隊員　どんな体験なんですか？
隊長　以前、ヘルスに行ったとき、自分の順番になってカーテンをくぐったら、女の子が「あ、やっと来てくれた！　ずっと待ってたのよ！」と言いながら、いきなり抱きついてキスしてきたんだそうだ
Y隊員　そういうサービスの店なんですか？
隊長　それが違うらしい。Iさんも初めて行った店だったから、そういうサービスの店だと思ったらしいんだけどね。そして女の子は、Iさんの手を引っ張って自分の部屋に連れ込むなり、またキスをして、キスをしながら上着を脱がせ、ネクタイをはずして、どんどん裸にしていくんだって
Y隊員　なかなか積極的なサービスですね
隊長　まあ、話は最後まで聞きなよ。そして自分もどんどん脱いで裸になると、もつれるようにベッドに倒れこんで、本格的なペッティングが始まったんだそうだ
M隊員　でも、シャワー浴びてないんでしょう？

隊長　うん。Iさんも「シャワーは浴びなくていいのかな?」と思ったらしいんだけどね。でも、女の子は一向にそんなことを気にする気配もないし……で、こういうサービスもおもしろいなと思って続けてたら、女の子はもうビショビショに濡れてて、本格的に感じてるらしいのよ

Y隊員　すごいですね。聞いているほうが興奮してきましたよ

隊長　はは。そのうち女の子のあえぎ声がすごくなってきて、「もう来て。お願い、もう来て」って言うんだって。Iさんは、「あれ?　これはひょっとすると〝入れて〟ということかな?」と思って、試しに入れてみようとしたら、女の子も嫌がるどころか積極的に協力してくれて、とうとう本当に入れてしまったらしい。Iさんにしてみれば「ここまで来たらもうやるしかない」と、結局そのまま本番でフィニッシュしたらしい

M隊員　本当ですか!?　そんなのありなんですか?

隊長　Iさんも放心状態で、何が起きたのかわからなかったんだって。それで、終わったあと2人でぐったり抱き合ってたら、しばらくして女の子がポツリと「何で連絡してくれなかったの?」と聞いてきたらしいのよ

Y隊員　知り合いだったんですか?

隊長　いや。驚いたＩさんが、「えっ!?　俺この店初めてだよ！」と言ったら、今度は女の子のほうがビックリした顔をして、「渡辺さんじゃないの？」って聞いてきたんだってさ。「違うよ」と答えたら、「えっ!?　じゃあ、あなた誰？　私、渡辺さんだとばかり思ってたのに！」って

Ｙ隊員　じゃあ、人違いだったんですか？

隊長　そう、まったくの人違いだったらしいんだよ（笑）。そのあと落ち着いて話をしたところ、その女の子はよく通ってくれていたお客さんを好きになったらしく、その人とは来るたびに本番をしてたんだってさ。ところが、急に連絡が途絶えて、店にも来なくなったらしい。会いたくて会いたくて切ない日々を過ごしていたときに、その渡辺さんにそっくりなＩさんが現れたというわけ

Ｍ隊員　そんなマンガみたいなことがあるんですか？

隊長　それが、あるんだねえ。Ｉさんも実際にトクはしたんだけど、妙な気分だったと言ってたね（笑）

Ｙ隊員・Ｍ隊員　うーん、うらやましい経験ですね

隊長　ははは、本当にうらやましいよ。やっぱり、ヘルスの女の子もふつうの女の子だという

ことだね。つまり、お客さんにほれてしまうこともあるわけだよ。そうなると、店の規則うんぬんの問題ではなく、自由恋愛ということになるよね

Y隊員　なるほど。ところで隊長は、ヘルスで自由恋愛をしたことはあるんですか？

隊長　そんなことは聞かないの！　もしそういう経験があったとしても、他人には言わないのがルール。そんなことがお店にバレたら、女の子に迷惑がかかるでしょ？　噂にでもなったら、警察の手入れだってあるかもしれないし……自分の胸だけにしまっておくものなんだよ

M隊員　ということは、隊長はそういう経験があるのかなあ？　それともないのかなあ？

隊長　ノーコメント！　もしあったとしても言わないし、もしなかったとしたら隊長としてのメンツがつぶれるから、絶対にノーコメント

ビギナーのための必勝ポイント〈ファッションヘルス編〉

✣店選び✣

①店によるサービス内容の差はほとんどない。ただ、いわゆる高級店と呼ばれる店になればなるほど個室やシャワー室の内装がよいため、気持ち的にゆったりと過ごすことができる。また、料金を高くしている分、レベルの高い女の子をそろえている傾向にある。風俗情報誌やインターネットなどで店の雰囲気を調べると同時に、女の子の写真が掲載されている場合は（顔にモザイクなどが入っている場合が多いが）、女の子の質や好みを重視して店選びをするとよいだろう。ただし、その際にも予算内で収めることが大原則なのは言うまでもない。

②イベントの有無を事前にチェックしよう。5000円OFFデーや半額デー、そのほか日によってさまざまなイベントを設けている店は多い。イベント中でも基本的なサービス内容は同じケースがほとんどなので、おトクに遊べる可能性が高い。

✣遊び方✣

①部屋に入ったときからセット時間はカウントされる。最初の会話はお互いの緊張をほぐすためにも必要だが、あまりそれに時間をかけないようにしよう。

②同じく時間の節約のために、脱衣もテキパキとしよう。女の子に脱がせてもらいたいという人でも、全部を脱がせてもらうのではなく、下着だけにするなどの工夫をしたい。

③プレイの際は、めいっぱいエッチになろう。お互い裸のつき合いなので見栄も外聞もない。楽しむためにお金を払って来ているのだから、エッチにならなければ損というもの。

④エッチになるのはいいが、女の子の嫌がる行為は厳禁。マナーとしても当然のことであるうえに、女の子を怒らせてしまってサービスに手抜きをされることもあるので要注意。

ヘルス嬢

25歳
ヘルス歴1年

私の前職はキャバ嬢です。キャバクラの仕事というかキャバクラでの人間関係にちょっと疲れたので、ヘルスに移りました。

抵抗感はあまりなかったですね。ヘルスは本番がないし、それなら私でもできるかなって思ったんですよ。

キャバクラと違って、精神的にはすごく楽です。個室だから女の子同士の確執もないし、キャバクラだったらきっと偉そうにふるまうだろうなという感じのお客さんでも、やることはみんな同じですから。

ここでは、会社での肩書きや立場なんか一切関係ないんです。どんなに偉い人でも、服を脱いでしまえばみんな同じ人間なんですよ。ですから、本当の意味での裸のおつき合いができる場所と言えますね（笑）。

ただ、肉体的にはすごくハードです。1日に何回もシャワーを浴びるので、肌の手入れにも気を使います。ですから、あまり長くやる仕事ではないなとは思っています。

嫌なタイプは、やはり本番を強要してくるお客さんですね。やんわりと「ダメです」と断るんですけど、なかにはしつこいお客さんもいて……あまりにしつこい場合はフロントに電話します。

あと、「痛い」と言っているのに、無理やりさわってきたり、指を入れたりしようとする人も嫌ですね。しかも、そういうお客さんに限って、「延長したい」なんて言うんですよね。そういう場合は、一応フロントに電話して、「ごめん、次の予約が入っているみたい」って断ります。

ええ、ちゃんとフロントとは決められたサインがあるんですよ。延長を断りたいお客さんには、本人には嘘だと気づかれないようにこう言いなさいとかね。

逆に、好きなタイプは優しい人かな。優しくさわってくれたりすると本当に感じてしまいます。ときには、本当にイッてしまうこともあるんですよ。

ヘルスの仕事を始めて1年たちますが、最近、プライドを持って働けるようになりました。世の中では私たちのような仕事が必要とされているんだなということを、より実感できるようになったんです。

世の男性の方、ストレス解消と性欲解消のためにぜひヘルスへ来てください。

第3チェックポイント

イメクラ

イメクラとは

ファッションヘルス（ファッションマッサージ）が風俗界に定着してから、業界はもっともっとお客さんに楽しんでもらえるように、さまざまな企画を練ってきました。

その最たるものが「イメージクラブ（イメージヘルス）」、いわゆる「イメクラ（イメヘル）」と呼ばれるものです。

イメクラ（イメヘル）とは、簡単に言えば、男が「こういうエッチをしてみたいな」と思うシチュエーションで接客してくれるヘルスです。実にさまざまなシチュエーションが取り入れられていますが、一般的なのは次のようなコースです。

○夜這い

○先生と生徒（お客が先生になり、女の子が生徒になるパターンと、女の子が先生になり、お客が生徒になるパターンがある）

○看護師と患者（女の子が看護師、お客が患者になる）

○医者と患者（お客が医者、女の子が患者になる）
○上司とOL
○ママと赤ちゃん（女の子がママ、お客が赤ちゃんになる）
お店はこれらのシチュエーションをよりリアルなものにするために、さまざまな工夫をしています。

たとえば先生と生徒コースでは、黒板や机を設置して部屋を教室のようにしたり、体育館の用具室のように飛び箱とマットを置いたりします。また、病院がモチーフの場合は、病院の診察室のように診察台を置いて聴診器を用意したりなど、趣向を凝らせた内装にし、さまざまな小道具も用意しているのです。もちろん女の子は、そのコースに合わせたコスチュームを着て接客します。

またシステムは、ファッションヘルスと同じです。まずは写真で女の子を選び、何分コースにするかを決めます。料金も、ヘルスの相場とほぼ同じです。

あとは、どのコースにするかを選ぶだけです。お店によっては、コースごとに何種類かのコスチュームを用意し、その中からお客が好きなものを選べるシステムになっているところもあります。

作戦会議

イメクラ探検のために作戦会議を開いたところ、T隊員とK隊員の2人が参加してくれました。

K隊員 隊長、今度はイメクラですね。一度行ってみたかったんですよ！

隊長 K君はどんなコースをやってみたいんだい？

K隊員 僕は「先生と生徒」ですね。当然、僕が先生ですよ

隊長 T君は？

T隊員 いま必死に想像してるんですけど、僕のキャラだとどれが合うのかわからないんですよね

隊長 うーん、T君は演技力なさそうだからなあ（笑）。無難なところで「夜這いコース」にしてみたら？　夜這いコースならセリフはほとんどないし、女の子は寝ているという設定

だから、演技力がなくてもいけるかもよ

T隊員　風俗に行くのに、セリフとか演技力とかがいるんですか？

隊長　そりゃあ、イメクラを100％楽しむには演技力があったほうがいいよ。イメクラ通《つう》は、行く前にちゃんと綿密なストーリーとセリフを考えてから行くんだから

K隊員・T隊員　本当ですか!?

隊長　本当だよ。これはイメクラの女の子から聞いたんだけど、たとえば先生と女生徒コースでは、部屋に入るなり先生になり切っちゃうお客もいるんだって。いきなり黒板に問題を書き出して、「こんな問題も解けないのか！　罰として、これから出す問題を1つ間違えるごとに服を1枚脱げ！」ってやるらしい

K隊員　それいいですね！　先生役でそれやってみます！

隊長　はは、頼もしいね。レポート期待してるよ。でも、できれば人マネではなく、多少アレンジしてやってほしいね

T隊員　先生役はいいなあ、いろいろストーリーがつくれそうで。その点、僕の夜這いはストーリー性に欠けるもんなあ……

K隊員　仕方ないじゃん、T君は演技力ないんだから！　それとも、僕の代わりに先生役やってみる？

隊長　はは、言い合いしないの！　でも、その夜這いコースも、イメクラ通にかかると大変なものになるらしいよ

T隊員　どんな感じなんですか？

隊長　夜這いコースの場合、ほとんどの店でペンライトを貸してくれるんだけど、通は自分で懐中電灯を用意してくるらしいよ。しかも、両手が使えるように、ちゃんと頭に固定できるようなベルトがついたやつを持ってくるらしい

T隊員　本当ですか？　わざわざ夜這いコースのためにつくったんですかね？

隊長　そうじゃないかな（笑）。服を脱がせるのも、女の子に気づかれないように、そーっとそーっとやるらしい

T隊員　うーん、そこまでくるとイメクラのプロですね。探検隊としては、やはりそこまで極めなくてはいけませんか？

隊長　そうだよ。がんばって探検して、いいレポート書いてね

K隊員　ところで隊長はどんなコースをやるんですか？

隊長　俺はいつも夜這いコースなんだけど、今回はT君に譲るとして、医者と女性患者のコースにチャレンジしてみるかな

K隊員　レポート期待してますよ！

隊長　わかった、わかった。じゃあ、各々ストーリーを考えておいてね。もう少ししたら出発するよ

K隊員・T隊員　了解！

探検レポート①　～夜這いコース～

担当：T隊員

まずは、夜這いコースを選択したT隊員のレポートです。


「お客様、お待たせしました。ご案内いたします」

カーテンをくぐっても女の子がいないのでちょっと心配になりましたが、男の店員に案内してもらって部屋の前まで来ました。

「こちらがお客様の部屋になります。1年A組ですので、覚えておいていただけますか？　まず部屋の中で服を脱いでいただいて、あちらにシャワー室がございますので、シャワーを浴びてください。夜這いコースの場合は、お1人でシャワーを浴びていただきます。また、シャワーを浴びられる際は、必ずうがい薬でうがいをしていただくようお願いします。シャワーが終わられましたら、この部屋に戻ってきてください。真っ暗な部屋に女の子がご指定のコスチュームで目隠しをして寝ていますので、ドアを開けたところに掛けてある懐中電灯を使って、夜這いをしていただくわけです」

そういうルールか！　なんか楽しそうだぞ。

「はい。シャワーを浴びに行くときは裸で行くの？」

「はい。カゴの中にバスタオルが入っていますので、それを巻いてシャワー室まで行っていただくことになります。貴重品はこの貴重品袋に入れて、シャワー室まで持って行ってください。また、通路でほかのお客様と鉢合わせることは基本的にございませんので、ご安心ください。それでは、ごゆっくりお楽しみください」


さっそく部屋に入り、服を脱いでバスタオルを腰に巻きつけます。財布だけビニールの貴重品袋に入れて手に持ち、シャワー室へ向かいました。

バスタオル1枚で、しかも1人で通路を歩くのは何となくマヌケな感じがしましたが、夜這いをリアルにするためには仕方がないかもしれないと、自分を納得させることにしました。

シャワー室ではエチケットのことを考えて、女の子になめてもらうだろうと思われるところはボディーソープをつけて念入りに洗い、指示されたとおりうがいもしました。

バスタオルで体を拭いて、1年A組の部屋に戻りました。ドアの前に立つと、すでに胸がドキドキしています。

ドアをそーっと開けると、部屋の中は照明がかなり絞ってありました。就寝灯よりも暗く、ほぼ真っ暗と言ってもよいほどです。ベッドに女の子が寝ている姿がかすかに見えます。壁に掛けてある懐中電灯を取ってドアを閉めると、部屋の暗さが増しました。

懐中電灯で照らしながら抜き足差し足、そーっと女の子に近づきます。女の子は目隠しをして仰向けに寝ています。コスチュームは僕が指定したとおり、ブレザータイプの女学生の制服です。ベッドはマットタイプのローベッドで、夜這いがしやすくなっています。

まずは、前々から一度やってみたかった、寝ている女の子のスカートめくりです。

スカートのスソをそーっと持ち上げて、懐中電灯で照らしてみました。薄い水色のパンティーがたまりません。うーん、見られていないというのは、結構思い切ったことができるものかもしれません。

女の子は眠っているという設定なので、何をやっても抵抗はしません。スカートをたくし上げたまま、水色のパンティーのゴムをずらしてみると、かわいい茂みが見えてきました。さっそく懐中電灯で照らしながら、顔を近づけて観察です。こりゃあ、たまりません！


スカートが邪魔になってきたので、何とか脱がそうとファスナーを探します。ファスナーはスカートの横についていました。ホックをはずし、ファスナーを下ろします。

「お尻を持ち上げないと脱がせられないなあ、どうしよう？」と思ったとき、女の子が「うーん」と言いながら、腰を上げて寝返りを打ちました。

ナイス！　これで簡単に脱がせることができました。

このままパンティーを脱がせるか、それともオッパイに移るか一瞬迷いましたが、先にオッパイに行くことにしました。

まずはブレザーの前を開き、リボンのネクタイをはずします。ブラウスのボタンを１つひとつはずしていきながら、「やっぱり、夜這いは前開きのコスチュームで正解だった！」と1人で納得しました。ただ、やはり片手で懐中電灯を持ちながら脱がせるのはなかなか苦労するものです。特製懐中電灯をつくって持参する男の気持ちがよくわかりました。

ブラジャーをはずしてしまうか、上にずらしてオッパイを出すかは思案のしどころです。とりあえずブラジャーのホックをはずすために背中に手を入れようとすると、また「うーん」と言って寝返りを打ち、横向きになってくれました。

ナイス！　ナイス！　ナイス!!

こうなれば、ついでに服を全部脱がせてしまおうと、ブレザーの片ソデを腕から抜き、ブラウスも脱がせました。そして、ブラジャーのホックをはずしてそーっと仰向けに戻してあげようとすると、こちらの意図を察して、また「うーん」と言って今度は逆向きに寝返りを打ち、まだ着ているほうの腕を上にして横向きになってくれました。

いそいそと腕から服を全部抜き取り、ブラジャーもすっかり取っ払うと、また「うーん」と寝返りを打って仰向けに戻ってきました。眠っているはずなのに、なんと気が利くことでしょう。

起きないように（?）、そーっとオッパイをなでてみます。柔らかい感触が何とも言えません。ちょっとくらいなめても起きないかな？　という感じでちょこっとなめてみると、ビクッと反応がありました。

こうなるともう、夜這いということなどすっかり忘れて乳首に吸い付いてしまいます。

「あ」

かすかに女の子の口から声がもれました。眠っているという設定にもかかわらず、敏感なところを攻められると思わず感じてしまうといった様子です。

‡

女の子の反応にあおられて、しばらくは我を忘れてオッパイとたわむれてしまいましたが、気を取り直して夜這いモードに戻すことにしました。

まずは、ポジションを下半身に移します。パンティーの上からワレメをなでてみると、湿っぽく感じます。パンティーを脱がそうとすると、もう寝返りという感じではなく、積極的に腰を上げて協力してくれました。

パンティーを脱がせてしまってからヒザを立てて足を開かせ、懐中電灯でアソコを照らします。顔を近づけて食い入るように見つめると、濡れているのがわかります。指でそっとなぞると、「あー」と言って体をよじらせました。もう我慢できません。思わずそこに吸い付きました。

僕の舌の動きに合わせ、女の子のあえぎ方が本格化してきます。

しばらく夢中になって舌で攻めていましたが、さすがに疲れてきたので、ポジションを上に移すことにしました。

添い寝の形をとって手で攻めながらキスをすると、女の子のほうから舌をからませて吸ってきます。僕の手の動きに合わせて、だんだんあえぎ声が切羽つまってきました。アソコはどうしようもないくらいビショビショです。光り輝く液体がアヌスを伝わり、シーツを濡らしていくのが見えるようです。

「あれ？　これは本当にイッちゃうのかな？」

疲れた手にムチ打ちながらしばらく攻め続けてみると、「あ、あ、ダメ。イッちゃう！」と、とうとう女の子はイッてしまいました。風俗で女の子をイカせたのは初めての体験です。

しばらく肩で息をしていた女の子が、「目隠しとっていい？」と聞いてきました。「もう取ってもいいよ」と答えると、だるそうにアイマスクをとり、「すっごい気持ちよかった」と言って僕に抱きついてきました。なぜか、僕も幸せな気分です。

女の子はやっと落ち着いたようで、ムクっと起き上がるなり、

「今度は私がやってあげるね」

そう言って僕を攻め立ててくれました。

彼女のお口のテクニックはなかなかなものです。さらに、「夜這い」という、これまで経験したことのないシチュエーションにいつになく興奮を覚えていたためか、ことのほか早くフィニッシュを迎えてしまいました。

✣

そのあとベッドに横になりながらいろいろ聞いてみたのですが、夜這いコースは本当に女の子が感じてしまうケースが多いそうです。

目隠しをしているため、お客さんがどんな顔をしているのかもわからないので、恐い

反面、興奮を覚えるとのことです。また、さわられているところに神経が集中するので、本当にイッてしまうこともたびたびあるそうです。

セリフ（会話）もないうえに真っ暗な部屋でのプレイなんて、なんとなく最初はネクラなイメージもありましたが、ふつうのヘルスでは味わえない興奮がありました。

（※隊長注：本当の恋人同士でも、年に1回くらいこういうプレイをやってみると、とても新鮮でいいようです。女性としても、いつもの彼じゃない、何が起きるかわからないという点で妄想がかきたてられるようなのです。このように、風俗には実践に生かせる・役立つ側面もあるのです。

また、「夜這い」というと、何やら陰湿な感じも受けますが、公然とした男女の交際が長く認められなかった日本において、庶民が考え出した知恵でもありました。つまり、親たちもある程度見て見ぬフリをして、男女の性への願望を満たしてあげたのです。

いまでも女性に支持の高い新選組の土方歳三を主人公にした司馬遼太郎の人気小説『燃えよ剣』の中でも、若き歳三が夜這いをするシーンが出てきます。まさに、夜這いを知るための必読の書といえるでしょう）

探検レポート②　～先生と女生徒コース～

担当：K隊員

次に、先生と女生徒コースを選択したK隊員のレポートです。

「サリナでーす。よろしくおねがいしまーす。お部屋はこちらです」

カーテンをくぐると、指定したセーラー服姿の女の子が出迎えてくれ、部屋まで案内してくれました。

見た目で17～18歳くらい。ふつうにセーラー服で街を歩いていたら、十分高校生で通りそうです。スーツ姿の僕と歩いていると、なんとなく先生と生徒という雰囲気があります。

案内された部屋は6畳くらいの広さでした。壁に小さめの黒板が掛けてあり、高校時代に使っていた、あの懐かしい1人用の木の机と椅子が置いてありました。そして壁際にはシングルベッドです。

「まずシャワーを浴びようか」

そう言ってサリナちゃんは、僕が服を脱ぐのを手伝ってくれました。

僕をスッポンポンにしたあと、バスタオルを巻いてくれてから、

「じゃあ行こうか。ここはシャワー室共同なの」

と、僕を連れて行こうとします。

「え、共同なの？　財布とかこのままでいいのかなあ？」

「とる人いないから大丈夫だと思うけど、気になるなら貴重品袋に入れてく？」

「いや、たいして入ってないからいいや（笑）」

セーラー服姿のサリナちゃんと、バスタオルを巻いただけの僕はシャワー室へ向かいました。


シャワー室に入ると、サリナちゃんは自分にはシャワーがかからないように気をつけながら僕を洗ってくれます。

「サリナちゃんはいくつなの？」

「まだ18歳だよ。今年19になるけどね」

「え!? じゃあ、半年くらい前は本当にセーラー服を着てたんだ!」

「そうだよ(笑)」

それを聞いただけで、僕のあそこは期待にふくらんでしまいました。

‡

体を拭いてもらってから部屋に戻り、いよいよ授業の始まりです。

さっそくサリナちゃんがストーリーの打ち合わせをしてきました。

「先生主導型でやる? それとも生徒主導型でやる?」

「えっ、生徒主導型ってどんなの?」

「生徒の私が先生に甘えていくという設定。結構多いよ」

「うーん、そういうのもあったか! でも、今日は先生主導型でやろう」

「うん、わかった。どうすればいい?」

「じゃあ、とりあえず椅子に座って。あと、〝それ〟は机の中に入れておいてくれるかな?」

「はーい。じゃあ、準備OKだよ」

「よし、始めるか。でも、バスタオル1枚の先生って間抜けだな（笑）」

「えー、最近生徒の服装の乱れが目立ち、変な物を学校に持って来ている生徒もいると聞いている。今日は抜き打ちの服装検査、荷物検査をやる」

「そんなの聞いてないですよお!?」

「ばか、事前に教えてたら抜き打ちにならないだろうが！　じゃあ、サリナから検査をする。お前、胸のところに何か変な物を入れて学校に来てるだろ！」

「えー、何も入れてないですよお」

「嘘を言え！　このふくらみは何だ！」

「これはオッパイです！」

「お前のオッパイがこんなに大きいはずはないだろ！　ちょっと先生が確かめてやる」

先生は、いきなり左のオッパイをワシづかみ。

「ほら、この感触は絶対肉まんが入っているはずだ！」

「あはははは」

サリナちゃんは思い切り本気で笑い出しました。

「こら、真剣にやれ！」

「だって、肉まんはないでしょー。ホントおかしい（笑）」

「肉マンが入ってないと言うなら、証拠を見せてみろ」

「え、どうすればいいんですか？」

「服を脱いで、何も入ってないと証明すればいいんだよ」

「わかりました。じゃあ、脱いで証明します」

サリナちゃんはセーラー服を脱ぎ始めました。

セーラー服を脱ぐと、下はピンクのブラジャーだけです。

「こら！　女子の下着は白かベージュと校則で決まっているだろう！　何だこのピンクのブラジャーは！　校則違反だからこのブラジャーは先生が没収する！」

そう言って、ブラジャーのホックをはずして取り上げてしまいました。なかなかきれいなオッパイです。若いだけあって、乳首は小さめでピンク色。思わず吸ってみたくなる衝動を抑え、検査を続けます。

「よし、胸には何も隠してなかったようだな。次はスカートだ。とりあえず起立！」

サリナちゃんも調子が出てきたようで、笑顔で起立しました。

「なんだこのスカートは！　短すぎるだろ！　校則では膝下10センチと決められているだろう？　スカートを膝下10センチまで下げなさい」

「えー、下げたらパンツが見えちゃいますよお」

「見えても仕方ないだろ！　パンツを見せてはいかんという規則はないから、パンツを見せるのはいいんだ」

「はは、わかりました」

そう言いながらサリナちゃんはホックをはずし、ファスナーを下ろしてスカートを下げます。

「これくらいですか？」

「まだまだ」

「これくらいですか？　もうパンツが全部見えてますよ（笑）」

「あ、お前、パンツもピンクじゃないか！　校則違反だ！　もうスカートもパンツも没収だ。先生が脱がしてやる！」

先生はサリナちゃんの前にしゃがみ込んでスカートを脱がせ、パンツもずり下げました。

「うわー、はずかしい（笑）」

「没収だから仕方ないだろ」

パンツもとうとう脱がしてしまい、サリナちゃんはスッポンポンです。

‡

「今度は荷物検査だ。机の中の物を出してみろ」

「えへへ。先生、見せられない物が入ってます」

「何だ？　いいから出してみろ」

サリナちゃんは笑いながら、さっき机の中に入れておいたピンクローターを出しました。受付のときに、オプションで３０００円払って用意したものです。

「お前、こんな物を学校に持ってきているのか！　一体何に使うんだ？」

「言えません！」

「言えませんじゃないだろ！　どうやって使うか、ちょっとやってみろ！」

「えー、恥ずかしいです」

「とにかく、この椅子に座ってやってみろ」

「えへへ」

サリナちゃんは、照れ笑いしながらピンクローターのスイッチを入れて乳首にあてました。

「あ！」

少し触れただけで感じているようです。

「使うのはそこだけじゃあないだろ？」

「えー、自分でやるんですか？　恥ずかしいです。先生やってください」

さすがにピンクローターを使って自分でオナニーするのは恥ずかしいらしく、モジモジしています。

‡

「仕方ないなあ。じゃあ、それはあとで先生がやってあげるから、最後の検査をするぞ」

「まだ検査があるんですか？」

「これが一番肝心な検査だ。ベッドに腰掛けて」

「こうですか？」

「もっと浅く腰掛けて。足はベッドに乗せる！」

「えー、恥ずかしい」

サリナちゃんをベッドの上にM字開脚で座らせて、先生は床に腰を下ろしました。ちょうど目の高さにサリナちゃんのあそこの部分があります。

「たまに、こういうところに変な物を隠し持っているヤツがいるからな。ちゃんと中まで検査しておかないとな」

そう言って先生は、両手で開いて検査します。

「いやだー。先生、変態（笑）」

そう言いながらも、サリナちゃんはちゃんと足を広げていてくれました。

「お、なんか濡れてるぞ！　これは中に何か入ってるのかな？」

そう言いながら、そーっと指を入れて中を探ってみました。

「いやだー、恥ずかしい」

だんだん僕は先生という立場を忘れ、攻めに熱中し始めました。指攻め、口攻め……

もう、サリナちゃんのあそこはグッショリです。

「あ、そうだ、さっきのローターを使ってみよう」

僕はピンクローターを使って、本格的にサリナちゃんを攻めまくりました。

「あ、ああ、ダメ」

サリナちゃんもだんだん本格的に感じてきて、しばらくすると、とうとうガクッ、ガクッとけいれんしてイッてしまいました。それでもまだ攻めようとすると
「もうダメ、本当にダメ。ちょっと休憩」

と言って逃げてしまいました。ピンクローターの威力はなかなかのものです。

「じゃあ罰として、今度は先生を気持ちよくしなさい」

「うん。じゃあ、ベッドに横になって」

すでに、先生と生徒という感じではなくなってしまいました。

ベッドから立ち上がったサリナちゃんは、ベッドに仰向けになった僕のあそこを握って顔を下ろし、パクッとくわえてくれました。18歳にしては絶妙な舌使いです。あの感

じ方といい、この子は相当エッチが好きなようです。

✣

一連の流れで興奮していた僕のあそこも無事フィニッシュを迎え、2人肩を並べてベッドに寝転んで、しばらく話をしました。

「ピンクローターはやっぱり感じるの?」

「うん、これを使われると、大抵イッちゃう(笑)」

「へえ。じゃあ、先生と生徒コースはいつもどんな感じなの?」

「お客さんが先生の場合は、だいたい私が甘えて、『先生のチ○ポ欲しい!』って感じでやるかな(笑)」

「今日みたいな感じはあまりないの?」

「身体検査はよくあるけど、今日のは結構リアルで楽しかった(笑)」

僕の考えたストーリーは、サリナちゃんにも喜んでもらえたようでした。

先生と生徒コースはかなり奥が深そうです。次回も先生役に挑戦して、もっとストーリーを練ってみようと思いました。

探検レポート③　〜医者と女性患者コース〜

担当：隊長

最後は、医者と女性患者コースを選択した私のレポートです。


「ヒロミです、よろしくおねがいしまーす。部屋はこっちです」

女性患者として選んだヒロミちゃんは結構身長が高く、20歳という写真のプロフィールよりずいぶん大人びた感じの子です。これは診察のしがいがありそうです。

部屋に入り、服を脱いでシャワー室へ行きます。

「私は患者なのに、どうしてチアガールの格好してるの？」

「いいじゃない、俺はチアガールを診察してみたかったんだから（笑）。そうだ！　炎天下での応援中に貧血で倒れたチアガールという設定にしよう」

シャワーを終え、部屋に戻って診察の準備です。

部屋には聴診器、ドクター用の白衣、ペンライトが用意してありました。とりあえずバスタオルは取って、素肌に白衣を着ました。前のボタンをとめて準備完了です。

「じゃあ、その診察台に座ってもらえるかな」

そう言って私は椅子を持ってきて座り、診察台に腰掛けたヒロミちゃんと向かい合いました。

「じゃあ、まず聴診器を当ててみるから、胸を出して」

「脱いじゃいますか？　それともたくし上げるだけでいいですか？」

「うん、まずは服をたくし上げて。ブラジャーもね」

「はーい」

ヒロミちゃんはチアガールのユニフォームをたくし上げ、ブラジャーも上げてオッパイを出してくれました。小振りだけれど、形のいいオッパイはナマツバものです。

私は聴診器をヒロミちゃんのオッパイにあてました。ドクッドクッと本当に心臓の音がします。

しかし、はっきり言って聴診器はおもしろくありません。やはり直《じか》にさわらないと満足できないものです。

とりあえず乳首をもてあそんでみてから、聴診器はしまって、いそいそと触診に移りました。

「じゃあ、乳ガンの恐れがないか、ちょっとさわって調べてみようね」

「えー、乳ガンなんですか？」

「いやいや、さわってみないとわからないから。うーん、乳ガンだとこのへんにシコリがあるはずなんだけど……」

さわり心地のいいオッパイです。

「先生、さっきから乳首ばっかりさわってますけど、乳ガンって乳首にできるんですか？」

「いやいや、乳首をさわった反応で、ガンがあるかどうかわかるんだよ」

「へえ、初めて知りました（笑）」

「うん、乳ガンの心配はなさそうだね。じゃあ、服を脱いで診察台に横になってくれる？　あ、パンツは脱がなくていいから」

「パンツは脱がなくていいんですか？」

「うん、パンツはいいよ。必要とあらば、先生が脱がせるから」

やはり、最後の1枚は自分で脱がせたいですからね。楽しみはあとに取っておくものです。


ヒロミちゃんは言われたとおり、パンティー1枚になって診察台に仰向けで横たわりました。

「じゃあ、診察をするよ」

そう言って私は、診察台に寝ているヒロミちゃんの横に腰掛けました。

「先生、白衣の間から何かヘンなものが出てますよ（笑）」

「あ、これ？　これは特製の注射器。この注射を打つと病気はすぐに治るからね（笑）。とりあえず診察してからだよ」

まず首筋から、あたかもリンパ腺を調べるようにさわっていきます。手はだんだん下がっていき、肩から胸へと移動します。オッパイをさわるときはもう診察ではなく、感触を楽しむようにさわっています。

ヒロミちゃんは感じるのか、ときどき体をモジモジさせています。

‡

少しオッパイで楽しんだあと、お腹をさすり、さらに下へ移動です。

パンティーの上から恥骨のあたりを入念にさすると、アンダーヘアのゴワゴワが手に伝わってきます。足を少し開かせ、モモの内側をなでながら股間の中心に手をはわせていくと、もうヒロミちゃんはじっとしていられないという感じで、足をモジモジさせてきました。中心部を押さえると、明らかに濡れているのがわかります。

「あれ？ なんか濡れているみたいだよ。病気かもしれないから見てみようね」

両手でパンティーを脱がせようとすると、ヒロミちゃんも腰を浮かせて協力してくれます。こじんまりとしたアンダーヘアがかわいい。

パンティーを脱がせたあとは、私も邪魔になる白衣は脱ぎ捨て、机の上に置いてあったペンライトを持ってベッドに上がりました。大きく足を開かせて股の間に寝そべり、ペンライトを使って診察です。

「うわー、すごいよ。ビショビショになってるよ」

「いやだー、恥ずかしい」

さわっているうちにドンドン濡れてくるヒロミちゃんのアソコを見ていると、さすがの探検隊長も、演技のしようがなくなります。

それからはもう本格的に攻めに転じました。指と舌を総動員して、これでもか！　とばかりに攻撃すると、ヒロミちゃんはそれに応えて色っぽい声を出してくれます。

‡

ヒロミちゃんの反応にあおられて、かなりの時間、無我夢中で攻めていましたが、ふと時間が気になってきました。そろそろ攻守交代しないと、発射せずに時間オーバーになりかねません。

「じゃあ、とりあえずの応急処置はしておいたけど、念のため点滴をしておきましょうか」

起き上がってそう言うと、ヒロミちゃんはトローンとした目をして、何を言っているのかわからないといった様子でした。私はかまわず自分の下半身をヒロミちゃんの顔のほうに移し、特性の注射器を寝ているヒロミちゃんの口の前に持っていきました。

するとヒロミちゃんは、待ってましたとばかりに目の前に差し出された特製注射器をくわえてくれます。

ねっとりとからみつく舌がたまりません。私はゆっくりと体を上下させて、ヒロミちゃんの口の中に特製注射器を出し入れします。これはかなり気持ちがいいのですが、かなり腹筋にきます。日頃鍛錬していない私としては、長時間この体勢が続くとかなりキツイものがあります。

それでもあまりの気持ちよさに、3分くらいはその体勢を続けていたでしょうか。明日はきっと筋肉痛でしょう。

「じゃあ、最後にお薬をあげるから、きれいに吸い取ってね」

私の意図を理解したらしく、ヒロミちゃんは起き上がり、代わりに仰向けになった私の股の間に入って本格的な吸入が始まりました。

さきほどの点滴である程度のぼりつめていた私は、「時間も時間だし、このあたりで出してしまおう」とフィニッシュしました。

その瞬間、タイマーのベルが鳴りました。ナイスタイミングです。
そのあと、ヒロミちゃんがティッシュに口の中のものをそっと吐き出すところを目ざとく見つけて
「あ、ダメじゃんか、薬を吐き出したら！」
と言うと、「えへへ」と笑ってごまかされてしまいました。

なぜか、男性は若い女性のチアガール姿が好きです。

私の知るK大の著名なドクターで、スポーツ選手の健康アドバイスをやっている方もチアガール好き（フェチ）で、一度診断してみたいとおっしゃっていました。ちなみにその先生、ご自身の出版記念パーティーで本当にA大のチアリーダーたちを呼んで喜んでいました。

それくらい男性の憧れるシチュエーションでこうした愛のプレイができるのも、イメクラのすばらしいところといえるでしょう。

反省会

後日、T隊員とK隊員と3人で、レポートの回し読みをしながら反省会を開きました。

隊長　K君の先生役はがんばったね。おもしろいよ。俺は照れくさくて、とてもやれないけどな（笑）

K隊員　ストーリーを考えるのに、かなり苦労しましたよ。正直なところ、レポートを書くという使命がなかったら、とてもあそこまではできなかったでしょうね。でもイメクラって、やるからにはトコトンやっちゃったほうが絶対におもしろいですよね。そのほうが女の子もノってくれますしね。僕についてくれたサリナちゃんも、本当におもしろかったって喜んでくれましたよ。それより、T君のレポートを読んでいると、夜這いコースも結構おもしろそうですね

隊長　うん、俺は夜這い好きで、いつもイメクラでは夜這いコースばかりなんだよ。T君のレ

ポートにあるように、ほとんどの女の子が本当に感じてしまうようで、俺も何人もイカせてるよ

T隊員　本当にびっくりしましたよ。でも、あんなに感じてくれると男としてはうれしいですよね。K君のレポートや隊長のレポートを読んでいると、ほかのコースもやってみたいなとは思いますけど、実際に今度行ったら、やっぱり夜這いにすると思いますよ。それくらい気に入りました

K隊員　それより、隊長のレポートおもしろくないですよ

隊長　そう？　俺としては自信作だったんだけど……

K隊員　いや、ダメですよ。明るく楽しくというコンセプトからはずれていますよ

隊長　うーん、厳しい評価だなあ

T隊員　そう言われるとそうですよね。隊長のレポートは単にエロいだけですよね

K隊員　そう、単なるエロオヤジですよ

隊長　おいおい、そこまで言うかよ！　いいか、風俗というのは、最終的にはエロなんだよ。いかに自分が興奮して、気持ちよくなるかが大切なんだよ。今回は、その男の本能という

やつに力を入れすぎたがためにだな……

K隊員　ハイハイハイハイ、わかりました。もういいですよ（笑）。じゃあ隊長、あとはこのレポートちゃんと校正しておいてくださいね。僕たち文章は苦手なんで

T隊員　じゃあ、僕の分もお願いします。僕たち、これからキャバクラに行く約束してるんですよね

隊長　え、キャバクラに行くの!?　俺も連れてってよ

K隊員　隊長はまだまだ執筆が残ってるんでしょ？　邪魔したら悪いですから。あ、そうそう、隊長ご指名の春奈ちゃんにはイメクラ行ったのは内緒にしておきますからね。ご心配なく。じゃあ行ってきまーす

イメクラ番外編：電車でGO！

進化系イメクラ

ある昼下がり、F隊員が意気込んで私のところへやってきました。

F隊員 隊長！　すごいところを発見しました！

隊長 なんだ、すごいところって？

F隊員 「電車でGO！」です

隊長 でんしゃでごー？　何それ？

F隊員 どうも、痴漢電車みたいなんですよ。電車内で吊革につかまっている女の子を痴漢して、そのあと気に入った子と個室に行っていいことする店らしいんです

隊長　そんな店あるの？
F隊員　それがあるんです！　これは探検隊としては行かざるを得ないでしょ？
隊長　よし、さっそく今夜行くぞ！　隊員を招集だ！
F隊員　了解しました。召集かけときます！

イメージクラブ（イメクラ）が一世を風靡したあと、業界はもっとリアルなプレイを追及し、さまざまな企画ものを出してきました。

ベースはファッションヘルスですが、それをもっと明るくして、より楽しみながら気持ちよくなれるよう、凝ったシチュエーションを取り入れた「企画もの」がどんどん出てきたのです。〝イメクラの進化系〟といってもよいでしょう。

入店

召集を受けて集まったのは言い出しっぺのF隊員、最年長のI隊員、企画ものに目のないN隊員の３人でした。

新しいもの、特に企画ものは大勢で行ったほうが楽しいのかもしれませんが、あまり大所帯になってしまって店に入れなくても困ります。そこで、私を含めたこの4人で探検に行くことにしました。

「電車でGO！」については、隊員全員が初めてです。F隊員に聞いても、雑誌で見ただけなので詳しくは知らないとのことでした。とりあえず場所は調べたとのことなので、行き当たりばったり精神で突撃することとなりました。

F隊員　隊長！　このビルですよ。あ、看板が出てます。このビルの5階ですよ！

隊長　よし、行くぞ！

エレベーターに乗り、5階のボタンを押して着くまでの間は不安と期待とでドキドキものです。これだから探検はやめられません。

エレベーターが開くと、正面に駅の切符売場とまったく同じ窓口があり、その中に駅員の帽子をかぶったお兄さんが座っていました。

店員　こちらで乗車券と特急券をお求めください

I隊員　乗車券と特急券!?　こりゃあ本物だ（笑）

隊長　このセッティングだけで、来た甲斐があったというものだよ

どうやら乗車券は入場料、特急券はサービス料ということのようです。この店の場合、乗車券は2000円、特急券はコースの時間により料金が違っていました。

私たちは45分コースで7000円の特急券を買うことにしました。それぞれお金を払うと、店員が番号の書かれた切符を手渡してくれました。

店員　その番号でお呼びしますので、呼ばれたお客様は電車にご乗車ください。電車がまいりますまで、待合室でお待ちください

待合室は昔ながらの駅の待合室そのものです。ベンチといい張り紙といい、もう田舎の駅そのもので、うれしくなってきます。隊員たちもウキウキしています。

F隊員　隊長の切符は何番ですか？

隊長　俺は5番だよ。F君は？

F隊員　私は8番です。N君が6番で、Iさんは7番でした

隊長　ということは、この番号の順で呼ばれるんだろうな

F隊員　なんか楽しみですね

N隊員　隊長、ここにこの店のルールが書いてありますよ

隊長　どれどれ……本当だ。なるほど、そういうルールか。こりゃあ楽しみだね（笑）

I隊員　ところで、あの電車、本物じゃないですか？

隊長　本当だ、○○電車だ！　これ本物だよ！

待合室の前に、ドアが閉まったままの真っ赤な電車が置いてありましたが、よく見ると本物の電車の車両です。私たちが通勤で使っている○○電車とまったく同じです。たぶん、古い車両を払い下げで譲ってもらったのでしょう。

しかし、どうやってこのビルの中に入れたのでしょうか？

しばらく待っていると、アナウンスが流れてきました。調子は駅のアナウンスとまったく同じです。

――5番線に電車が入ります。5番線に電車が入ります。5番線で電車をお待ちのお客様は、

白線の前でお待ちください。続きまして、6番線に電車が入ります。6番線に電車が入ります。6番線で電車をお待ちのお客様は、白線の前でお待ちくださいーー

I隊員　あ、隊長とN君じゃないですか！　がんばってきてくださいよ！

隊長・N隊員　じゃあ、お先に行ってきまーす！

探検レポート

ここからは、プレイの様子を私のレポートでお届けしましょう、

N隊員と電車のドアの前に引いてある白線のところで待っていると、ジリリリリーンとベルが鳴り、電車の到着を知らせました。

電車の中の照明がつき、いつの間に準備したのか、セーラー服を着た女の子が2人、吊革につかまっているのが見えます。

――ドアが開きます。足元にご注意してご乗車ください――

アナウンスとともに、ドアがプシューという音をたてて開きました。

N隊員と私は電車に乗り込み、チラッと顔を見合わせました。しかし、もうこうなったら隊長も隊員も、序列も何も関係ありません。お互い好みの女の子目指してまっしぐらです。

狙った女の子は2人とも同じだったようですが、若いN隊員の出足が早く、お目当ての女の子はN隊員に譲ることになりました。

気を取り直して、もう1人の子に近づきました。近くで見ると、この子もなかなかチャーミングです。

‡

相手が決まれば、もう痴漢になりきります。

まずは定石どおり、お尻からタッチです。後ろにそろーっと近寄り、お尻に手を伸ばします。触れた途端、女の子の体がビクっと反応します。

お尻をソロソロとなでると、女の子は腰をモゾモゾさせます。右手でお尻をさわりながら、左手をオッパイに手を伸ばします。セーラー服を着ているのでわからなかったのですが、実際にさわってみると結構大きなオッパイです。もみ心地も、張りがあっていい感じ。

女の子はオッパイにはあまり反応は示さず、相変わらずお尻のほうにだけ反応しています。そこで、お尻をさわっていた手でスカートをたくし上げ、パンティーの上からの痴漢行為に移りました。やはりスカート越しとは違い、お尻の感触が生々しく伝わってきます。

もう私の〝小隊長〟はギンギンです。固くなったものを女の子の太ももに押しつけながらパンティーの中に手を入れようとしたとき、女の子が誘ってくれました。

「そろそろ個室に行こうか？」

横を見ると、N隊員も個室に移動するところです。

「うん、行こう！」

もう少し痴漢行為を楽しんでみたい気もしましたが、なんせ45分しか時間がありません。あまりここで時間を費やすわけにもいかないのが残念なところです。

女の子に手を引かれて電車の連結部分をくぐると、「これは銀河鉄道か？」と思わせるような暗がりのスペースが広がっていました。目を凝らすと、ＪＲのシートを思わせる背もたれの高い２人掛けの座席がいくつも設置されています。

シートは１列に並んでいるわけではなく、隣の席が見えないようにうまく配置されています。オープンにはなっているものの、周りはまったく見えない個室状態といったところでしょうか。

女の子に案内されて席に座りました。

‡

「アイナです。よろしくね」

まずは、名刺を差し出しながら自己紹介をしてくれました。

そういえば、さっきまでさんざんさわっていたけれど、いまのいままで名前を知りませんでした。あ、痴漢とは本来そういうものか……。

「よろしく。いくつなの？」

「19歳だよ」

「どうりでセーラー服が似合うわけだ。ここはキスもいいの？」

「いいよ。キスする？」

「うん、まずはキスからだね」

そう言いながら軽く唇を合わせ、だんだんディープキスに移って舌をからませると、アイナちゃんもウットリしてきたのがわかります。

キスしながらオッパイをもみ、セーラー服の下に手を伸ばそうとすると、「服脱いじゃうね」と言ってセーラー服を脱ぎ、ブラジャーもはずしてしまいました。

おお、見事なオッパイ！　形もよく、乳首はプチっと小さめ。乳輪も10円玉くらいの大きさで私好み。照明が暗いので色まではよくわかりませんが、おそらくきれいなピンクに違いない！　思わず手を合わせて拝みたくなるようなオッパイです。

こんなものを見せられたら、もう我慢できません。さっそく味見をと、オッパイに吸い付きました。

「いやーん」

かわいい声に刺激されて乳首を舌で転がすと、ピンと固く立ってきました。いやあ、実に美味！　若い子のオッパイはたまりません。

オッパイを舌で攻めながら手をスカートの中に入れて下半身攻撃に移ります。パンティーの上から局部にさわると、何か濡れているような感じ。

「パンティーが汚れちゃうから脱いじゃうね」

そう言うと、アイナちゃんは座ったまま腰を浮かせ、パンティーを脱いでしまいました。

足からパンティーを抜くときに、ルーズソックスが邪魔になって脱ぎにくそうです。でも、そんな姿を見ているのも楽しいものです。

薄暗がりの中で叢《くさむら》がかわいく見えました。うーん、懐中電灯を持ってくればよかった……。

「スカートも脱いじゃう？」

「いやいや、スカートはそのままにしておこう」

スカートとルーズソックスだけの裸もなかなかエロチックです。

さて、攻撃再開です。

もう一度ディープキスをしながら手を下半身に伸ばすと、柔らかい叢に触れました。もう少し奥に手を進めると、何ということでしょう、そこは白鳥の湖！　もう熱々のヌルヌル状態なのです。すばらしい感度です。

‡

しばらくアイナちゃんのあえぎ声を聞きながら攻めに熱中していると
「もうだめ、これ以上するとどうにかなっちゃう。今度は私がやってあげる」

と言って、私のズボンのベルトをはずしにかかります。電車のシートで脱がされるのも新鮮でなかなかいいものです。

ズボンとパンツを膝まで下ろされ、ビンビン状態の〝小隊長〟をまずはオシボリで拭き拭きしてくれます。ていねいに拭いたあと、アイナちゃんはいきなりナマでくわえてくれました。

レロレロと動く舌のテクニックはなかなかのものです。あまりの気持ちよさに、私の小隊長は涙を流して喜んでいます。

しばらく舌で楽しませてくれたあと、ディープスロートに移り、いよいよゴールに向ってまっしぐら。さすがの小隊長もギブアップ宣言で、とうとう口の中にフィニッシュです。

年齢のわりに、かなりのテクニシャンでした。

‡

みづくろいをして、優しくアイナちゃんのオッパイをなでながら他愛のない話をしていると、アナウンスが流れてきました。

――東京、東京。終点、東京です。ご乗車ありがとうございました。お忘れ物のないようにお帰りください――

「あ、もう終わりみたい」

「えっ、あのアナウンスが終わりの合図なの？」

「うん、ここは東京行きの席だから」

そう言って、アイナちゃんは目の前のプレートを指差しました。

なるほど、プレートには【東京行き】と書いてあります。おそらく席によって行き先が違うのでしょう。最後まで本物志向の店でした。

反省会

店の前でタバコを吸いながら待っていると、隊員達が1人、2人と店から出てきました。みんな間違いなく「満足！」という顔をしています。

隊長　どうだった？　今日の探検は

N隊員　いやあ、おもしろかったです

I隊員　ここまで凝ると拍手ものですね

F隊員　女の子もかわいかったです

隊長　そうか、そうか、今日の探検は大成功だな。でもみんな、わかっているよな？　明日の通勤電車で今日の復習をしようなんて考えるなよ（笑）

企画ものは毎回毎回では飽きてしまいますが、たまに行くとおもしろいものです。

その際には、1人でなりきって行くのもいいかもしれませんが、個人的には多人数でワイワ

イ言いながら行くのが好きです。

　企画ものはいわゆる季節ものでもあり、流行りすたりがあります。基本的にはイメクラの進化系ですから、今回探検した「電車でGO！」のような痴漢ものもあれば、イメクラ探検の際に取り上げた患者と看護師、さらにはOLと上司というシチュエーションのものもあります。そして、そのときどきの風潮やニーズなどによってどんどん新しい企画が取り入れられたり、形を変えていったりするわけです。

　さらに、初めて企画ものに行くときは勇気がいるものですが、一度行ってしまえば、あとは応用です。むしろ、もっと違う趣向のものはないかという開拓精神すら生まれてくるでしょう。まず大切なのは、思い切って1歩踏み出してみることなのです。

　風俗情報誌やインターネットなど、自分なりのアンテナを張って、新しいものにもぜひチャレンジしてみてください。

ビギナーのための必勝ポイント〈イメクラ編〉

✣店選び✣

①料金的なものよりも、どのようなコースがあり、どのような遊び方をするかに重点を置いて店選びをするのがベスト。風俗情報誌やインターネットなどに詳しいコース内容を掲載している店もあるので、それらを参考に、自分が興味のある内容の店を選ぶようにしよう。

②料金については、人によっては他の風俗に比べて若干割高に感じることもあるだろう。しかし、その料金の差は、ふだんは体験できないようなシチュエーションを楽しむためのものだと割り切るのがコツ。

✣遊び方✣

①初心者の場合、あまり凝ったストーリーを考えないほうがよいだろう。店の女の子

はさまざまなパターンを知っているため、女の子主導型で初体験をするのも1つの方法である。

②ある程度ストーリーが決まったら、アドリブも含めて、役柄になりきることが重要。最終的な目的は気持ちよく発射することであるため、なりきらなければ興奮度は高まらない。せっかくのイメクラを存分に楽しむことを心掛けよう。

③終了後の反省会は忘れずに。「あのとき、こうすればもっとよかった」「こういうシチュエーションのほうがよかった」などと反省することによって、イメクラ通への道は拓ける。同じコースに通うたびに、どんどん凝った内容に進化させていくのもイメクラの楽しみ方の1つと言えよう。

④初めての店は、できれば多人数で行きたいもの。みんなでワイワイ言いながら遊ぶのはおもしろいし、店を出たあとの反省会も盛り上がるため、より楽しめること請け合い。

イメクラ嬢

22歳
イメクラ歴1年半

この仕事は楽しいです。ここに来る前はふつうのヘルスを1年くらいやっていたんですが、絶対イメクラのほうが働いていて楽しいですね。

イメクラには、いろんなお客さんが来ますよ。ウチの店にも、同僚の女の子の中で有名なお客さんがいますね。女の子同士で話していても、「あ、そのお客さん知ってる!」「この前、私についた!」って感じで。

なんで有名なのかというと、毎回、すごく凝ったプレイをするんです。

そんなお客さんにつくと、こちらもやりがいがありますよ。「今度はどんなストーリーでくるんだろう?」って楽しみなんです。

もちろん、あとで同僚の子に「今日はこうだったよ」って報告して盛り上がるのは言うまでもありませんけど(笑)。

もちろん、特に変わったことはせず、ふつうのヘルスのようにストレートにプレイするお客さんもいます。

でも、それはそれでいいと思います。イメクラなんだから、なにがなんでもストーリー仕立てにしなきゃいけないとか、変わったことをしなきゃいけないというわけではないですから。

ただ、そういうお客さんについたときは、なんとか私のほうから盛り上げてみようとはしますけどね。

お客さんに要望することですか？

うーん、やっぱりイメクラですから、いろいろチャレンジしてほしいなと思います。役者じゃないんですから、演技がうまくできないのは当たり前なので、恥ずかしがらずにいろいろやってみてほしいですね。

とにかくいろいろチャレンジしてみて、お店を出たときに「楽しかった！」と思ってもらえたらうれしいです。

それに、たとえイメクラプレイがうまくできなくても、最後は私が気持ちよくしてあげますから大丈夫です。

あとは、やっぱり明るく楽しむことを忘れないでほしいと思いますね。せっかくお店に来たんですから、仕事や世の中の嫌なことはとりあえず全部忘れて、大いに楽しんでほしいです。

お客さんが暗い雰囲気だとこちらもやりにくいし、いくら凝ったプレイでも気分がいまいち乗らなくなるんですよ。そうなると、こっちの体も感じなくなってしまうんで、いいサービスもできないんです。

とにかくお客さんには、明るくエッチを楽しんでほしいですね。

第4チェックポイント

ソープランド

ソープランドとは

風俗探検隊の手による風俗調査・体験取材もかなりのところまできました。ただ、ここに昔から風俗の王道と呼ばれる「ソープランド」という巨大な山が残っています。

しかし、その巨大さゆえ、新人隊員を派遣していたのでは時間がかかりすぎてしまうでしょう。そこで、私の友人の1人で、ソープランドにすこぶる詳しく、また経験も豊富なA先生にご教授願うことにしました。今回に限り、私（隊長）が質問し、それにA先生が答えるという形で展開させていただきます。

本題に入る前に、まずはソープランドについて簡単に説明しておきましょう。

サービス

ソープランドとは、その名のとおり、お風呂つき個室の中で楽しむ性風俗であり、合法的な風俗の中で唯一〝本番〟が可能な特殊浴場です。名目上はサウナということになっているため、個室内には必ずサウナの設備があります。

サービスの内容としては、まずはシャワーで女の子が体をていねいに洗ってくれたあと、お風呂に一緒に入って手と口でサービスをしてくれたり、スケベ椅子などに座った状態で女の子が体を使って洗ってくれたりします。

次に、一般的かつ有名な、ビニール製のエアマットの上での泡やローションまみれになってのボディマッサージに移ります（マットプレイ）。女の子がオッパイや下半身を使って、全身を気持ちよくマッサージしてくれるのです。

ここで早くも1回目の〝本番〟をして、昇天をしてしまう男性も多いようです。

しかし、すぐに回復して2回戦に挑む自信のない人は、ここではできるだけ我慢したほうが無難でしょう。特に高級ソープランドで2時間や3時間コースなどを選択した場合などは、よほどの精力自慢以外は、めいっぱい楽しめるよう精力配分にもきっちりと気を配る必要があります。なぜなら、残った時間がバカみたいにもったいないからです。

情けないことに、男性は1回出してしまうと、人間が変わったようにおとなしくなるものです。入店前はあれだけギラギラ張り切っていたにもかかわらず、「もう、いいや」などと考えるようになったりするのです。しかしそれでは、せっかくの時間とお金がもったいないというものでしょう。

男の〝命〟は、あくまでも「挑み続ける姿勢」にあると私は思っています。

さて、マットプレイのあとは、ベッドに移っていよいよ本番中の本番です。

まず、女の子による愛撫サービスがあります。

ここでも、男たるもの、その卓越したフェラチオ技の気持ちよさにも耐え抜かねばなりません。ちょっと無理そうというときは早めに女の子にそのことを告げ、男性側からの手や口を使った攻めに転じるようにしたほうがいいでしょう。

そのあとは、どういう体位で楽しむか、女の子がどのようなサービスまで対応できるかを会話のなかで探りつつ、ゴールまで突っ走りましょう。

すべてが終わると、またシャワーとお風呂で体を流します。バスタオルでふいてもらったあと、飲み物を口にしつつ、女の子との会話を楽しんで終わりとなります。

料金システム

ソープランドの料金は、まさにピンキリです。また、コースの時間も店によってさまざまです。

たとえば新宿には、60分で総額1万円という低料金のソープランドがあります。札幌や福岡にも、このくらい低料金の大衆店が多く見られるようになりました。一方、東京・吉原の高級店になると、2時間で6万円かかるというところもザラにあります。超高級店になると、10万円以上するところもあります。

通常は、90分で3〜4万円かかるのが相場と考えておけば間違いないでしょうが、事前に料金の確認をすると安心でしょう。

今では、ほとんどのちゃんとしたソープランドは自店のホームページを持っています。そこを見れば料金の目安がわかりますし、どのような女の子をそろえているかもだいたい知ることができます。また、インターネットで予約すると5000〜1万円くらいの割引をしてくれる店もあります。

ソープランドで安心かつおトクに遊ぶためには、インターネットを利用するのも1つの手と言えるでしょう。

ただ、料金表にある「入浴料」は、1回の利用でかかる金額の一部であることを知っておく必要があります。入浴料のほかに女の子のサービス料などが加算されるため、最終的には総額3～4万円になるのが一般的と言えるでしょう。入浴料は受付で支払い、サービス料は女の子に渡すというシステムをとっているところが多いようです。

もちろん、料金表に「総額」と明記されている場合は、それがその店で支払う総額と考えてよいでしょう。

ソープランド講座①　～魅力～

ここからA先生に登場していただきましょう。

隊長　では先生、よろしくお願いします

A先生　よろしくお願いします

隊長　さっそくですが、先生の考えるソープランドの魅力とは、ズバリ何でしょうか？

A先生　フルコースのエッチを体験できることでしょう。男としては最高のストレス発散にもなるうえに、夢のような体験を手軽にできるということも魅力です

隊長　なるほど

A先生　ここで私自身のことをちょっと紹介すると、私はバツ2です。キャバクラにもよく通いますし、つき合っているOLの彼女もいます。キャバクラでもよくキャストを口説いて、年に何回かはホテルまで行くこともあります。私にとっては、その口説く手間がキャ

バクラの楽しみの1つでもあるわけです。しかし、恋人やキャストとエッチをするにしても、そのテクニックやサービスに物足りなさを感じることがあります。さらに、何かの拍子に相手の機嫌を損ねてしまうと、エッチするどころではありません。その点、ソープはいいですね。自分がエッチしたいときにできますし、いい女の子に出会えると最高のサービスを受けられますから

隊長　最高のサービスとは何ですか？

A先生　男の望むこと、つまりこの場合は、最後まで納得のいくエッチができるということです。もちろんソープ以外の風俗も楽しいし、それぞれの楽しみ方がある。でも、原則的に最後の最後までは難しい。だから、「トルコ風呂」と呼ばれた時代から、ソープランドは〝風俗の王様〟であり続けているんです

隊長　ところで、私には世界の歓楽街のフィールド調査をするという〝ライフワーク〟があり、実際にあちこちでチェックしています。その際にいつも思うことは、日本人ほど紳士的な男性の多い国民はない、つまり、日本人男性には性欲を表に出してギラギラさせている人は少ないということです。このあたりのことについて先生は、どのように見ていらっしゃ

いますか？

A先生　実は、私の本職は世界の金融マーケットを相手にするというものです。ですから、当然のことながら、アメリカやヨーロッパでも仕事をしてきているわけです。その中で感じたのは、日本人男性が日本をはじめとするあちこちのマスコミで〝世界一のスケベ〟であるかのように言われているのは、まったくのつくり話ではないかということです。早い話、外国の歓楽街に行って、実際に自分の目で見て、女の子たちの話を聞いてみれば本当のことがわかると思いますね

隊長　実際に現場に行けば、日本人の男性は決して世界一のスケベなどではないことがわかる、と

A先生　たとえば、イギリスのコンドームメーカーが毎年、世界のセックス度（年何回、週何回、1日何回セックスするか）を調査して発表しているんですが、日本は大抵一番低いんですね

隊長　日本人のセックス回数の少なさは、社会問題の1つとして考える人がいるくらいですからね

A先生　それに、日本には世界に誇る風俗の王様〝ソープランド〟がいたるところにあります。

だから、性犯罪や性に発するトラブルも少ない。逆に言えば、手鏡で女生徒のスカートの中をのぞいて捕まったりするような男は、そういう部分でのお金を妙に出し惜しんで、タダで性的欲求を満足させようとするから、ああいうことになる。要するにケチな男なんですよ

隊長　確かに、日本は諸外国に比べて性犯罪が少ないと言われています

A先生　さらに、東南アジアに行くと、欧米人にボロボロに遊ばれて泣いている少女たちがたくさんいますよ。彼女たちは、日本人のお客さんにめぐり会えるようなことがあれば神様に感謝すると言うんです。日本円にして１０００円以下で遊ぼうとする欧米人が多いのに対して、日本人はもっとたくさんのお金をきちんと払ってくれるし、チップもたくさんくれるんだそうです

隊長　日本人の男は、欧米人に比べて人間的な扱いをするということですね

A先生　ところで、これは札幌のソープで聞いたのですが、最近は中国あたりからも日本のソープに団体で遊びに来ているそうです。以前から、共産党幹部が日本の地方のソープに通っていたことは聞いていましたが、今では中国人の一般旅行者にも「ソープランド」とい

う言葉は知れ渡っているそうなんですよ。中国には日本のように安全なシステムの店がなく、いつも官憲にリベートを渡しつつ商売するあやしい店も多いんです

隊長　その点、日本のソープランドはさまざまな面で安全ですからね

A先生　さらに先日、韓国の財閥グループで、1兆円もの利益を出しているS電気の元幹部に聞いたのですが、日本に来て成績がよかったときなどに社員を吉原のソープランドに連れて行ったことがあったそうです。あとでみんなに感想を聞くと、口をそろえて「まさに、ここはこの世の極楽です」と言ったといいます

ソープランド講座②

～最近の動向～

隊長　先生は、長年ソープランドを楽しんでおられるそうですが、最近のソープランドはどうですか？　何か目立った動きなどはあるのでしょうか

A先生　今は、まさにソープランドの一大変革期ではないでしょうか。つまり、すごく進化しているんですよ。その一例として挙げられるのが、地方におけるソープランドの隆盛です。具体的には、最近、熊本のソープが元気らしいんです。これは銀行マンの友人から聞いた話なんですが、彼の勤める都市銀行の部長・支店長クラスの人たちは、集まるたびに「熊本へ行こう！」と盛り上がっているとか。九州には〝博多〟という一大ソープ天国があるのに、熊本にも現在何百軒というソープがある。もちろん、地方だけでなく全国の大都市でも、ソープランドは質と量が向上していると言ってよいと思います

隊長　なるほど

A先生　ちょっと前の話になりますが、現在は大リーグで活躍しているI選手やT選手は、日

本で活躍していた頃、博多のソープランドの常連だったようです。もちろん、今度大リーグ入りする地元チームの選手もそうです。たとえ独身であっても、彼らはまさか一般人とエッチするわけにはいきません。大変なことになりますからね。ですから、ソープランドが必要なのです。スポーツ選手だけでなく、芸能人も同じです。J事務所のアイドル歌手が、滋賀県の雄琴《おごと》のソープに通っているのを見たという（私の）後輩もいます。人間ですし、男ですから、当然といえば当然。このように、危なくなく、また管理の行き届いている風俗のトップに君臨するのがソープランドなんです

隊長　お店で働く女の子たちも変わりましたか?

A先生　変わりましたね。インターネットなどで女の子の写真を見てもらうとすぐにわかりますが、本当にかわいい子や美人な子だらけです。以前は、特に地方のソープランドでは、それこそ「えっ!?　こんなオバサンが?」というタイプの女性もいましたが、今ではあえて望まない限り、そういうことはまずありません

隊長　確かに、一般的にはどこのソープへ行ってもかなりレベルの高い女の子がそろっていますよね

A先生　また、店の経営者たちと話をしたところ、昔は借金などのためにやむなく風俗で働い

ているという女性も多かったのですが、最近ではそんなことはまったくないようです。まさに〝稼げるビジネス〟として、女の子自らがこの〝職業〟を選んでいるんですよ。ですから、週1日だけとか2日だけとか、夕方だけとか、出勤の形態も彼女たちの思いのまま。人気のある子、レベルの高い子ほど、自分のペースをしっかりとつくってやっています。また、大学生やOLをやっている子が、日曜日だけ出勤するというケースも多いですね。さらに、キャバクラからの〝転職〟組もいます。友だちに誘われて移ってくるケースや、キャバクラでの人間関係に嫌気がさして転職してくるようなケースです

隊長　自ら選んだ分、プライドを持って質の高い仕事ができるというわけですね

A先生　そうです。このようなさまざまなことを背景に、ソープランドはますます進化し、レベルが高くなってきていますね

ソープランド講座③ ～入門者へのアドバイス～

隊長 では、ソープランド入門者が特に注意すべきことについてのアドバイスをお願いできますか

A先生 ソープランドは店を構えて営業してはいますが、基本的に〝女の子の個人営業〟という側面が大きいのです。その点においては、プロ野球の選手のようなものですね。ですから、プロ野球の選手のプレーや成績、報酬に大きな差があるように、ソープ嬢の間にも大きな差があることを知ってほしいと思います。だから、1人の女の子だけを見てすべてを判断しないことが大切ですよ。すばらしい女の子に出会うことができれば、それはまさに人生の宝物のようなものになります

隊長 それはなぜですか？

A先生 人間はエッチ抜きに存在できないものだからです。それほど大切な部分においてすばらしい喜びを与えてくれる人の存在は、まさに大きな財産なんですよ。さらに、自分に合

うタイプ、合わないタイプの女の子がいるということも、ぜひ知っておいてください。これは好みの問題と、自分の〝現在のレベル〟の問題があります

隊長　具体的にはどのようなことですか？

A先生　たとえば、お客の中には隊長のように胸の大きい女の子が好きな人がいるかと思えば、私のように小さめのほうが好きだという人もいる。これが、好みの問題です

隊長　では、現在のレベルの問題とは？

A先生　たとえば、大学生などエッチ初心者のような人もいれば、隊長や私のようにかなりの経験を積んで、かなりのテクニックを身につけている人もいます。エッチ初心者の場合は、ベテランのソープ嬢にいろいろと性の奥義を教えてもらうのがいいでしょうし、私などの場合は、逆に女の子にテクニックを伝授したり、エッチにおける本当の喜びがどのようなものなのかを教えたりするのが楽しいということになります。これが、自分の〝現在のレベル〟の問題というわけです

隊長　なるほど。そう考えると、日本のソープランドには実に奥深いものがありますね。さすがに「風俗の王道」「世界一の風俗」とも呼ばれるだけのことはあります

隊長　ところで、忘れられないエピソードなどはありますか？

A先生　たくさんありますよ。吉原の超高級店に入ったときのことです。3時間コースで10万円近く払いました。ついた子はとてもかわいくてスレンダーで、まさに私のタイプでしたね。エッチに関しても、まだ開発途上のようでした。このときは私がいろんな攻め方で彼女を何度もイカせてあげたのですが、2年後くらいにテレビに出ているのを見てビックリしました。タレントのタマゴだったんですね。そういう女の子がソープランドで働いていることもあるんですよ

隊長　うらやましい話ですね

ソープランド講座④　～ソープで学んだこと～

隊長　ソープランドで働いている女の子の中でも、どんどん人気が出る子がいる一方で、逆にいつまでたっても人気の出ない子もいるわけですが、両者の違いはどこにあると思われますか？

A先生　ソープランドで人気が出る子は、やはり性格がいいですね。そして、サービス精神が旺盛です。どんなにかわいい女の子が相手でも、気持ちのこもっていないエッチほどつまらないものはありませんから。もちろん逆に、客としての心掛けが悪い場合には、よいサービスは受けられないと考えるべきです

隊長　お互いの心掛けが大切だということですね

A先生　すべては、お互いの思いやり次第なんですよ。そのお互いの思いやりが全身全霊のものとなって、お客と女の子の心と体が共鳴し合うとき、そこに本当の喜びが生まれてくると思っています。仮に恋人同士であっても、この〝共鳴し合う部分〟がなければ、エッ

チは味気ないものとなるでしょうね。だから風俗、特にソープランドにおいて、客のジェントルマンとしての接し方、つまり男の優しさとしての接し方に、「その人を喜ばせたい、お客様に尽くしたい、いい仕事をしたい」という女の子の心がマッチすることで、最高の快感・喜びが得られるんです

隊長　なるほど

A先生　こうして、私はソープランドで男と女の原点、サービスの本質、生きる喜びなどを学び続けてきました。そしてこれからも楽しみつつ、さらにそれを極めていきたいと思っています

隊長　よいお話をありがとうございました。私もそういう境地を目指して、風俗の研究・探究を続けていこうと強く思います

ビギナーのための必勝ポイント〈ソープランド編〉

✣店選び✣

①ソープランドほど、店による料金の格差が大きい風俗はない。安いところでは1万円からあるが、高級店の場合は5～6万円、なかには10万円を超える超高級店もある。通常は3～4万円を目安に考えればよいだろう。基本的には、料金が低い店は部屋も狭く、時間も短くなる傾向にある。当然、女の子は1日に多くのお客さんを相手をしていることになる。そのあたりのことを考慮に入れつつ、風俗情報誌やインターネットなどで情報収集し、大まかな傾向やレベルをつかんだうえで店を選ぶようにしよう。

②インターネット予約による割引システムを採用している店もあるので、大いに利用したい。

③ソープランドについては全国的に有名な地域が何ヵ所かあるが、特に首都圏には多

くのソープ街が点在している。その地域の雰囲気や店のレベルについて事前に情報を仕入れてから店選びをすることも大切。

❖遊び方❖

①まず女の子とちゃんと会話をして、お互いの緊張をほぐすところから始めよう。初対面同士だとどうしてもぎこちなくなりがちだが、会話がスムーズに運ぶと、サービス面に関しても盛り上がりやすい。

②基本的に女の子主導でサービスをしてくれるので、それに合わせていけばよい。しかし、自分の好むプレイがあったり、男主導で楽しみたいような場合は、頃合を見計らって「こういうことをしてみたいがどうか？」とさりげなく聞こう。いきなり主導権を握ろうとしたり、自分好みのプレイに走ったりすると、嫌われる可能性が高いので気をつけたい。

③コンドームは必ずつけること。いくら女の子が「つけなくていい」と言っても、それに応じるのは危険すぎる。コンドームをつけないほうが疲れが少ないため、相手

によってはつけずにすませようとする女の子もいるが、自分の身は自分で守るものだということは忘れずに。

④店長やスタッフと仲良くなろう。ソープランドでは、お互いの相性が満足度につながる割合が高い。店側に自分の好みを知ってもらったうえで、アドバイスをもらうことも、楽しく遊ぶためには大切なことである。その意味でも、よいスタッフがいない店は避けるほうが無難だろう。

高級ソープ嬢

23歳
ソープ歴3年

私は、吉原のいわゆる「高級ソープ」で働いています。一応、お店では一番指名が多いんですよ。

出勤日は自由にさせてもらっています。自分が働きたい日だけお店に出るんですが、それでも、毎日のようにお客様から私への予約の電話が入るようです。

仕事をするときは、それこそ精一杯の気持ちを込めながら自分のできる限りのことをして、1人ひとりのお客様が好むサービスを提供することに徹しています。なので、来店した際に次の出勤予定日をたずねてきたり、ぜひまたお願いしたいと言ってくださる方も多いんだと思います。

何日も前から予約を入れてくださるお客様も多く、それはとてもうれしいことなのですが、どんどん新規のお客様と出会う機会が減ってしまうのが少し残念です。

私はお客様が喜ぶことはできるだけ何でもしてあげたいと思うタイプですが、私にも気持ちよくなってほしいと気遣ってくれるお客様の場合は、こちらの気持ちの入れ方もちょっと変わりますね。

たとえば、私にフェラチオをさせるだけで満足してしまうのではなく、2人で気持ちよくなって盛り上がろうと、私が感じる部分、一番敏感なところを優しくさわってくれたりなめてくれたりしようとしてくださるお客様は最高です。

会話も明るくて、楽しい方がいいですね。

逆に、あまりにもイバっている方や乱暴な方は、店のスタッフに二度と予約を入れないようお願いしています。

高いお金を払っているんだから、好き勝手にやっていいんだと勘違いするお客様は嫌ですよね。相手がそんな気持ちでいるのがわかると、よいサービスをする気もなくなってしまいます。

恋人同士だって、自分勝手なセックスは相手に嫌がられて当然でしょう? ソープ嬢でも同じなんですよ。

また、お酒を飲んだあとに来られるお客様も多いのですが、できれば飲みすぎない状態で来ていただきたいですね。いくらがんばっても元気にならない自分のものに自信をなくしたり、プライドが傷つけられたと感じる方もいるからです。

ほどよいアルコールなら、かえって気分も高めてくれるのでいいと思います。

とにかく、高いお金を払っていただいている以上、最高のサービスをしてあげたいし、究極のエッチを体験していただきたいと思っています。ですから、お客様のほうからも、そのお手伝いをしていただけるととてもうれしいですね。

第5チェックポイント

その他の風俗

会議

探検隊の活動もひととおり終わり、隊員たちも風俗に対する知識と経験をかなり身につけてきました。

そこで、もう一度隊員たちを集め、実際に突撃取材してない風俗の中で、どうしても取り上げておかなければならないものはないか、見落としているものはないかを検討する会議を開きました。

出席者は、隊長、I隊員、A隊員、N隊員、T隊員、F隊員の6名です。

デリヘル

デリヘルとは

A隊員　隊長、ファッションヘルスは取材しましたけど、デリヘルは取り上げてないですよね

隊長　デリヘルかあ。デリヘルとかホテヘルはファッションヘルスの応用だから、わざわざ取材しなくてもいいんじゃないかな？

K隊員　すみません、その「デリヘル」とか「ホテヘル」って何ですか？

N隊員　「デリヘル」はデリバリーヘルスの略で、「出張ヘルス」とも言うね。「ホテヘル」はホテルヘルスの略だよ。一昔前に「ホテトル」というのが流行ったのを知ってる？　お客さんが泊まっているホテルの部屋に女の子を派遣して本番行為をするというやつ。ホテルとトルコ風呂が合わさってできた呼び名なんだけど、よく公衆電話のボックスにピンクチ

ラシが貼ってあったでしょ？　デリヘルとかホテヘルというのは、簡単に言えば、それのヘルス版ということだね。当然、本番行為はないよ

隊長　そう、基本的にファッションヘルスが店舗を出す際は、営業の本拠となる事務所の所在地を管轄する警察署に性風俗特殊営業開始の届出をしなければならないんだけど、今は規制が厳しくてなかなか受理されないんだよ。都道府県によって、新しくお店を出すことができない地区があったりするしね。だから、店舗を持たずに、お客さんが指定した場所に女の子を派遣してファッションヘルスのサービスをするデリヘルが今は主流なんだ。経営的にもコストがあまりかからないしね。そういう事情もあって、最近の新しいヘルス店はみんなデリヘルと言ってもいいよね。ちなみに、店舗を持たないデリヘルに対して、店舗を構えているヘルスを「箱ヘル」と言うんだよ

Ｉ隊員　デリヘルというのは聞いたことあったけど、ホテヘルというのは初めて聞いたなあ。違いは何なんですか？

隊長　ホテヘルというのは、女の子の派遣（出張）場所をホテルに限定しているんだよ。しかも、いくつかのホテルとお店が提携していて、その中のホテルを選んでもらうケースが多いね。だから、お客さんはヘルスの料金に加えてホテル代がかかることになるわけだ。一

方、デリヘルは、ホテルだろうと自宅だろうと、シャワーのある場所ならどこへでも出張するというやつだね。自宅にデリヘルを呼ぶ人は結構多いみたいだよ。自宅なら、ホテルよりお金がかからないからね

T隊員　デリヘルとかホテヘルというのは店舗を構えてないんですよね。お客はどうやって店を選ぶんですか？

N隊員　デリヘルならよくマンションのポストにチラシが入っているし、風俗情報誌にはたくさん広告が載っているよ。あとはインターネットで調べればいいんじゃないかな。ホームページを持っている店もたくさんあるみたいだし

隊長　誰かデリヘルの経験者いないの？

F隊員　僕、1回だけ呼んだことがあります

隊長　じゃあF君、デリヘルのシステムをみんなに教えてやってくれよ

システム

F隊員　僕はマンションの郵便受けに入っていたチラシを見て電話したんですけど、マンショ

ンの場所を教えると、「10分で行ける」って言うんですね

N隊員　電話番号は090から始まる携帯電話でしょ？　ワンボックスカーに女の子を5～6人乗せて、チラシをまいた辺りを流してるんですよ。それで、電話があったらお客さんのところへ直行するんです

F隊員　ええ、そんな感じでした。お店のスタッフに好みの女の子のタイプを告げて待っていると、本当に10分くらいでチャイムが鳴りましたから

K隊員　チラシには写真は載ってないんでしょ？　女の子の好みはどういう感じで説明するの？

F隊員　僕の場合は、「小柄でオッパイの大きい子。できればロングヘアー。太っている子はパス」って要望を出したんですけどね

隊長　F君の場合はチラシに写真が載っていなかったから、電話でスタッフに告げたけど、風俗情報誌やインターネットなどに写真が掲載されている場合もあるから、それで選ぶこともできるんだよ。ただ、写真を見て指名する際には指名料が必要な場合もあるから、その点の確認は必須だね

K隊員　それで、来た女の子はどうだった？　かわいかった？

F隊員　それが、かわいいんですよ。ふつうのヘルスなら間違いなくナンバーワンって感じですね。スタイルもほぼ僕の要望どおりでしたし

隊長　デリヘルの場合は基本的に写真指名がないから、店舗型のファッションヘルスと違って、ついたお客さん以外に顔バレする心配がない。女の子としては、気軽に働けるメリットがあるんだよ。だから、箱ヘルで働くのは嫌だけど、デリヘルならOKという子も多いみたいだね。なかには、現役キャバクラ嬢が、お店が終わったあとの夜中にアルバイトでやっているケースもあるみたいだからね。そんな感じだから、自然と女の子の質もよくなるんじゃないかな

T隊員　もし、来た女の子が気に入らなかった場合はチェンジできるんですか？

F隊員　ええ、「チェンジは無料」だと言っていました。でも、僕はその子が気に入ったので、そのまま部屋へ入れましたけど

N隊員　ただ、チェンジは無料のお店と有料のお店があるから、最初に確認しておかなきゃいけないけどね

T隊員 料金の支払いなんかはどうやるんですか？

F隊員 部屋には女の子と男のスタッフの2人で来ました。スタッフが「この子でいいですか？」と確認してきたので、「OKだ」と答えると、次に注意事項が書かれた紙を僕に見せるんです

T隊員 紙にはなんて書いてあったの？

F隊員 あんまりよく読まなかったんですけど（笑）、「本番は禁止」とは書いてありました。そして、その紙の下の欄にサインをさせられて、料金をスタッフに渡すんです

隊長 へえ、最近はそこまでやるんだ！

F隊員 ええ、僕もびっくりしましたよ

隊長 以前は女の子が1人で来て、携帯電話でスタッフに連絡して終わりだったんだけどね。お客さんが自分を気に入ってくれたかどうか、つまりチェンジの有無や、たまに部屋に入ると男が2人いたとかそんなトラブルがあるから、それがないかどうかを確認したという連絡だね。それで、電話がなければ女の子に何かあったということで、すぐに店のスタッフが飛んでくるシステムになっていたんだよ

サービス

F隊員　スタッフが帰ってから一緒にシャワーを浴びたんですけど、「僕はさっき浴びたばかりだからいいよ」と言ってもダメなんですね。「もう一度、一緒に浴びて」と言われましたよ

N隊員　そりゃあそうでしょ。F君がどんな洗い方してるかわからないんだから、自分でちゃんと洗わないと女の子も心配だよ

F隊員　そういえば、その子、ボディーソープとうがい薬を持参してきましたよ。自分用のバスタオルも

隊長　女の子は1日に何回もシャワーを浴びるから、自分に合ったボディーソープを使わないと肌荒れしてしまうんだよ。もちろん、お客さんのところにあるボディーソープを使う女の子もいるけどね。うがい薬はヘルス探検の際に経験した隊員もいると思うけど、キスがある場合は必需品だからね。お客さんが持っているとは限らないし

A隊員　それで、サービス内容はふつうのヘルスと一緒なの？

F隊員　ええ、基本的に一緒ですね。ただ、いつも自分が寝ているベッドでやるというのがいいですね。なんか、恋人を部屋に連れ込んでやってる気がしますよ（笑）

I隊員　昔のホテトルのように、本番をやらせてくれるところはないのかなあ？

N隊員　ありますよ。チラシには「ヘルス」と書いてあるけれど、その割には妙に料金が高い場合は、その可能性が大きいですね

隊長　さっきから気になってたんだけど、N君は妙にデリヘルに詳しいね

N隊員　えへへ。実は、ときどき呼んでるんです

T隊員　はは、やっぱりね。そんなことだろうだと思った

N隊員　最近は、ちゃんと事務所を設けて、お客はいったんその事務所に行って会員登録しなければならないというデリヘルも増えていますね。免許書とかのコピーもちゃんと取られるんですよ

隊長　なるほどね。女の子からすれば、男の部屋に行くということは敵地に乗り込むようなものだから、身元がしっかりしている相手じゃないと不安は不安だよね

N隊員　そうですね。ただ、箱ヘルからデリヘルに移った女の子の話を聞くと、デリヘルの

ほうがラクだと言っていました。箱ヘルだと、忙しいときは次から次へとお客が来るから休みなく働かなければいけないけど、デリヘルの場合は移動時間があるので、1回リフレッシュしてから次の仕事に入れるらしいんです。それに、プレイする部屋が毎回違うので、新鮮だと言ってましたよ

隊長　となると、デリヘルのほうが1人ひとりのお客さんに身を入れてサービスしてくれる確率が高いかもしれないね。いいなあ。俺なんか妻帯者だから、自宅にデリヘル呼べないもんな

N隊員　出張のときに、ホテルに呼べばいいじゃないですか

隊長　出張のときはその地域のキャバクラとか風俗に行っちゃうから、ホテルに帰ったときはもう元気がないんだよね（笑）

I隊員　それなら、もともとデリヘルを呼ぶ必要がないじゃないですか（笑）

人妻ヘルス

T隊員　同じヘルスでも、「人妻ヘルス」というのはジャンル分けする必要ないんですか？　イメクラ（イメヘル）も、つまりはヘルスじゃないですか。でも、イメクラはファッションヘルスとは基本的にジャンルを分けていますよね？　だったら、人妻ヘルスも１つのジャンルとして確立させてもいいような気がするんですけど

隊長　うーん、サービス内容はヘルスと同じだから、ジャンル的にはヘルスに入れるしかないだろうね。でも、これだけ人気があるんだから、１つの題材として取り上げてもいいかもしれないね

苦い体験

I隊員　人妻ヘルスというのは、要は、ふつうのヘルスより年配の女性がサービスしてくれる

ヘルスということでしょ？

隊長　はは、Iさんは昔、俺と一緒に行った人妻ヘルスの苦い経験のイメージが強いみたいだね

N隊員　苦い経験って何ですか？

隊長　かなり前に、俺とIさんで一度、人妻ヘルスに行ってみようということになってね。「人妻ヘルス○○」という看板を見つけて、「よし、ここに入ろう！」ってことで入ったんだよ

I隊員　隊長、その話はやめましょうよ

K隊員　聞きたいですよ。それでどうなったんですか？

隊長　受付で、店員が「ただいまご案内できる人妻さんはこちらです」と言って写真を20枚くらい持ってきたんだよ。まず俺から選ぶことになって、上から順番に「パス、パス、パス、これもパス」って感じでめくっていったら、全部なくなっちゃってね。「えっ!?　この中で選ぶの？　こりゃあ究極の選択だ！」って（笑）

N隊員　それは、顔に問題ありということですか？

隊長　いやいや、そういう次元ではなくて……みんな、どう見ても40代後半から50代くらいの

女性なんだよ

I隊員　「人妻ヘルス」って聞くと、ふつうは20代後半から30代前半とか、せいぜい30代後半くらいまでのきれいな奥さんを想像するじゃない？　そりゃあ、確かに50代でも人妻は人妻だけどさ……

T隊員　看板に偽りはないわけだ（笑）

隊長　そう、誰がどう見ても人妻以外の何者でもないわけよ。だから、文句のつけようがない

N隊員　それでどうしたんですか？　入ったんですか、入らなかったんですか？

I隊員　俺は「もう出よう」と言ったんだけど、隊長が「これも経験だから」って帰ろうとしないから、結局入ったよ

K隊員　その写真の中から選んだんでしょ？

隊長　もう、こうなると顔が好みとかの問題じゃないから、とにかく一番若そうな女性を選んだね

I隊員　それでも、実際目の前にすると「えっ!?　俺は本当にこのオバチャンとやるのか？」って気持ちになってね……なんで好きこのんでこんな経験をしなきゃいけないんだろうと、俺は隊長をうらんだよ

N隊員　はは。で、サービスはどうだったんですか？

I隊員　それがさあ、男というやつは悲しい生き物だね。そんなオバチャン相手でも、やることをやられると、ちゃんとたつものはたって、無事フィニッシュしちゃうんだよ。あのときは本当に自己嫌悪に陥っちゃったよ

T隊員　ははははは、笑えますね。いい経験したじゃないですか

事前調査の必要性

K隊員　人妻ヘルスって、みんなそんな感じなんですか？

T隊員　いや、違うよ。僕が行ったところは、20代後半から30代前半のきれいな女性ばかりの店だったよ

N隊員　僕が行ったところは、30代前半の女性ばかりでした

T隊員　人妻さんは若い子と違って優しいんですよ。僕なんかマザコンの気があるから、メロメロでしたね

N隊員　僕は昼間行ったんですけど、本当に「ふつうの主婦」といった感じの女性でした。な

んか、本当に不倫をしているような感覚になって、お互いに燃えましたよー

隊長　一口に「人妻」と言っても、20代後半から50代後半までと範囲が広いから、行くときはインターネットとか風俗情報誌でしっかり確認してから行ったほうがいいね。働いている人妻さんもさまざまで、本当の主婦がアルバイト感覚でやっている場合もあるし、20代から風俗で働いていて、30代になってふつうのヘルスでは無理が出てきたからと人妻系に移ったという場合もあるし……。さっきのオバチャンの店で俺についた人妻さんは、若い頃はソープで働いていたんだけど、年をとったらお客がつかなくなったから、人妻ヘルスに移ったと言っていたよ

T隊員　人妻ヘルスはハマる人はハマりますよ。しっかり事前調査していけば、本当にアタリがありますからね

隊長　はは、T君は本当に人妻が好きそうだね

最近、インターネットを使ったデリヘルでは、「人妻専門」を看板にしているところも多いようです。私の友人にこれにハマった人がいたので、いろいろ聞いてみました。

彼が利用していたデリヘルでは、インターネットで申し込んだあと、まずは指定されたカフ

ェに出向き、担当の男性と面談をしたそうです。そこで、このお客なら問題ないということになると、店側から携帯電話に連絡が入り、こちら（客）の指定したホテルに女性が派遣されてくるのだそうです。

来る女性は本当の人妻で、30代前半が中心。もちろん、気に入らなかった場合はチェンジも可能です。

「ヘルス」なので本番行為はナシなのですが、そのときの人妻さんはがまんができなくなってしまったのか止められなくなり、彼のほうが大変だったようです。さらには、よほど気に入られたのか、「また会ってほしい」と迫られたそうです。その後何度か利用したものの次第に怖くなってきて、とうとう利用するのをやめてしまったとのことでした。

現在、世の中にはいろいろな風俗が広まっていますが、お客のほうも働いている女性のほうも、風俗なのか、はたまた本当の恋愛なのかがわからなくなっている部分も出てきているようです。

キャンパブ

キャンパブとは

N隊員　隊長！　風俗といえば、名古屋の「キャンパブ」ははずせないのではないでしょうか？

隊長　うん、俺も迷ったんだけど、キャンパブはちょっとわかりづらいんだよね

N隊員　どうしてですか？

隊長　主に東海地方に限定されるし、そもそもキャンパブ自体の定義があいまいというか……

K隊員　そもそもキャンパブって何ですか？

隊長　説明すると難しいんだけど、もともとキャンパブとは、キャンパスパブの略称なんだよ。文字どおり、現役女子大生が接客してくれるのが売りのキャバクラだったんだよね

N隊員　えっ、そうなんですか!?

隊長　できた当初は、そのコンセプトで結構流行っていたんだよ。本当に素人の女子大生が相手をしてくれるキャバクラということでね。ところが、だんだんすたれてきて、現役女子大生だけじゃなく女子大生風の女の子も接客してくれるようになり、さらには単なるキャバクラではなく、セクシー系に移っていったんだよね

N隊員　それから今の形態になったんですか？

隊長　N君の言う〝今の形態〟がわからないから何とも言えないんだけど……最初はキャバクラ方式で、席でちょこっと女の子のオッパイなんかさわれて、抜きたい人は追加料金を払って個室に移り、手と口でサービスしてもらうシステムだったんだよ

N隊員　そうなんですか？　僕がこの前名古屋で行った店と全然違いますね

隊長　それがだんだん変形していって、個室に移らないで、席でそのまま手や口で抜いてもらうピンサロ形式になったんだよね

A隊員　「ピンサロ」って何ですか？

隊長　そうか、A君たちの年代だとピンサロを知らないのかあ。ピンサロというのは、「ピンクサロン」の略なんだ。簡単に言えば、抜きのあるセクキャバというところかな。いろい

ろなタイプのお店があるけど、基本的にはボックス席のソファーの背もたれが高くなっているような半個室のようなところに客と女の子が1対1で座って、オシボリなんかで男性器をきれいにしてから、手や口でサービスをしてくれるシステムになっているんだよ。女の子はオッパイ丸出しでパンツも脱いでいてね。今でも、東京の一部や福岡あたりでは根強い人気があるね

N隊員　あ、僕が行ったキャンパブはそんな感じでした！

隊長　やっぱり？　つまり、昔のピンサロを名古屋では今、キャンパブと言っているわけだね。でも、キャンパブはピンサロ形式だけじゃあないんだよ。さっき言ったように、個室に移って抜いてくれるシステムの店もまだあるし、たとえば痴漢電車のような企画ものもある。これは、電車のシートに座って、手や口でサービスしてくれるというものなんだけどね。とにかく、いろいろな形態があるんだよ。だから今は、シャワーなしで抜いてくれる風俗全体をキャンパブと呼んでいるところもあるみたいだね

I隊員　つまり、キャンパブというのは範囲が広いということなんですね？

隊長　そうなんだよ。だから、1～2件探検して「これがキャンパブです」とレポートを書いても、あまり意味がないということになるんだ。それを読んでキャンパブに行ってみたら、

レポートとは全然違う店だったということになりかねないからね

ピンサロ形式のキャンパブ体験

K隊員 でも、N君が行ったピンサロ形式のキャンパブ、ちょっと興味ありますね。N君、そこはどんな感じだったの？　詳しく教えてよ

N隊員 僕が行ったところは、さっき隊長が言っていたように、背もたれの高いソファーのボックス席になっていて、周りは見えないようになっていましたね。照明も結構薄暗くて。そんな感じでした

K隊員 女の子はどんな感じ？

N隊員 僕についた子は19歳だって言ってたよ。全体的に若い子が多かったかな。僕についた子は、前がファスナーで開くレザー調の服と、おそろいのミニスカートで、席に座るなりサッサと裸になっちゃいましたね

T隊員 男はズボンを下ろすだけ？

N隊員 僕が行ったところはそうだったよ。女の子がベルトをはずして、ズボンを下ろしてく

れて。パンツは自分で下げましたけどね。息子さんをオシボリで拭いてくれてから手と口でサービスしてくれるんですけど、これが結構ジらすんですよ（笑）

隊長　昔、俺がよく通ったピンサロもそうだったよ。イキそうでイケないという攻め方をして、もうちょっとというところになったら、「時間ですけど延長しますか？」って聞くわけ。そうなると延長せざるを得ないよね（笑）

N隊員　はは、僕は何とか時間内に発射できましたから、延長はしないですみましたけどね

ミルクでGO！

I隊員　話を聞いていると、このあいだみんなで探検した「電車でGO！」と感じが似ていますね

隊長　うん、あれも広い意味でキャンパブだよね。あとは、お医者さんごっこの店なんかもあるみたいだよ

F隊員　この前名古屋に行ったとき、風俗情報誌にキャンパブで「ミルクでGO！」というのが載っていましたよ

T隊員　何それ？

隊長　はは、乳しぼりのやつだね

T隊員　乳しぼりですか？

隊長　そう、巨乳の女の子ばかりを集めて、ホルスタインの格好をさせてるんだよ。それでオッパイのところだけがくり抜いてあって、女の子自身のオッパイが出るようになっているんだ

N隊員　わかった！　そのオッパイをもんで乳しぼりするわけだ！

隊長　そう、そのとおり！「もんで、しぼって、吸って、ミルクを出そう！」って感じだよね。基本的にはキャンパブだから、最後は逆に女の子が息子さんの乳しぼりをしてくれるわけだけどね。「こすって、しぼって、吸って、ミルクを出そう！」ってね（笑）

K隊員　それいいですね、一度行ってみたいです！

I隊員　オッパイフェチには、たまらない企画かもしれませんね

隊長　はは。とにかく、最近のキャンパブというのは企画ものに走っている傾向にあるようだね。これからも楽しいものがどんどん出てくると思うよ

ビギナーのための必勝ポイント〈デリヘル編〉

✣店選び✣

①チラシを見て電話をかけるのもよいが、やはりインターネットや風俗情報誌などである程度確実な情報を得てから連絡をとったほうが無難だろう。

②インターネットや風俗情報誌などに割引情報が掲載されている場合もある。事前に確認し、賢く利用しよう。

✣連絡時✣

①店側とは電話を使ってのやりとりになるので、その際にできるだけの確認をとることが大切になる。女の子のタイプだけでなく、チェンジができるかできないかや料金システム（指名料やチェンジ代金、女の子の交通費など）、代金の支払い方法などについてもよく確認しよう。

遊び方

①「一発出会い型」の遊びであることをしっかりと認識しよう。対面で女の子を選ぶシステムではないため、いくら「チェンジあり」とはいっても、限界がある。そこはある程度割り切って覚悟を決め、偶然の出会い的なエッチを最大限楽しもう。

②店舗型でないゆえの危険も少なからずある。そのため、ホテヘルの場合はできるだけきちんとしたホテルを選ぶことが重要となる。また、そのほうが気分も盛り上がるはず。

③デリヘルでは、本番サービスはないのが「基本」である。その点だけは忘れないように。店の人の目がないからといって、女の子に無理強いをするのはトラブルの元になる。

人妻専門デリヘル嬢

32歳
デリヘル歴1年

28歳で職場結婚して4年目です。結婚して仕事を辞めたときは、すぐに子どもをつくりたいと思っていました。

でも、1年たち、2年たち……だんだん夫とのセックスの回数も減ってきて、今では月1回、お義理程度のセックスがあるだけです。同じ人とのセックスは〝飽き〟がくるとは聞いていましたが、まさか私たちがそうなるとは思ってもいませんでした。

ご存知かもしれませんが、女の30代というのは、20代までとはまったく別人のようなカラダになってしまうんですよ。セックスの喜びを知り、感度がグーンと上がっていくんです。ですから、セックスをしたときの気持ちよさが、それまでとはくらべものにならないほど、言葉にできないほどの快感になっていくんです。

ところが夫は、仕事から帰ってくると「疲れた、疲れた」ばかりで、ベッドに入ってもすぐに寝てしまいます。これでは欲求不満がつのるばかりですし、子どもだって望めません。

いわゆる専業主婦なので、夫のいない昼間は本当に暇です。そこでインターネットで暇つぶしをしているうちに、人妻専門のデリヘルサイトを見つけてしまいました。夫とのセックスに不満もあったので、思い切って連絡してみたんです。

働き始めた頃はドキドキしましたね。もし、相手の人が知り合いだったらどうしようか、なんて不安もありました。

でも、何回かやってしまうと、あとは怖いものなしです。特に、セックスが上手な人だったりするとたまりません。恋人以上、いや夫婦関係以上のサービスをしまくりますし、自分もイキまくります。

今では、気に入ったお客さんにはリピート営業をしてしまうほどです。

最近は、仕事以外でも本当のセックスをしたいという思いから、気に入ったお客さんをこちらから誘ってみようかなんて考えることすらありますし、実際にそれに近いこともしているんですよ。

たとえば、あるすてきなお客さんとは、週1回、1年間で52回のセックスをする契約をしていただいています。私も恋人気分で楽しんでいます。

今では、デリヘルは自分の喜びとともに収入を得られるという一石二鳥の仕事だと感じています。だから、続けられるだけ続けようと思っていますよ。

そういうこともあって、このごろは「人妻も悪くないかな」って、心から思います。何と言っても、セックスが気持ちよくてたまらないんです。

◆著者紹介◆

木村進太郎（きむら しんたろう）

1964年東京生まれ。さまざまな職業を経て、現在はサービス業を中心とした経営コンサルタントとして活躍するとともに、世界各地の歓楽街のフィールド調査を続けている。著書に、『キャバクラの教科書』『キャバクラ道場 —入門編—』（いずれも総合法令出版）がある。

明るい風俗探検隊

風俗が日本の「元気」をリードする！

2006年2月8日　初版発行

著　者　木村進太郎
発行者　仁部　亨
発行所　総合法令出版株式会社
〒107-0052　東京都港区赤坂1-9-15　日本自転車会館2号館7階
電話　03-3584-9821㈹
振替　00140-0-69059
印刷・製本　中央精版印刷株式会社

ISBN4-89346-942-8